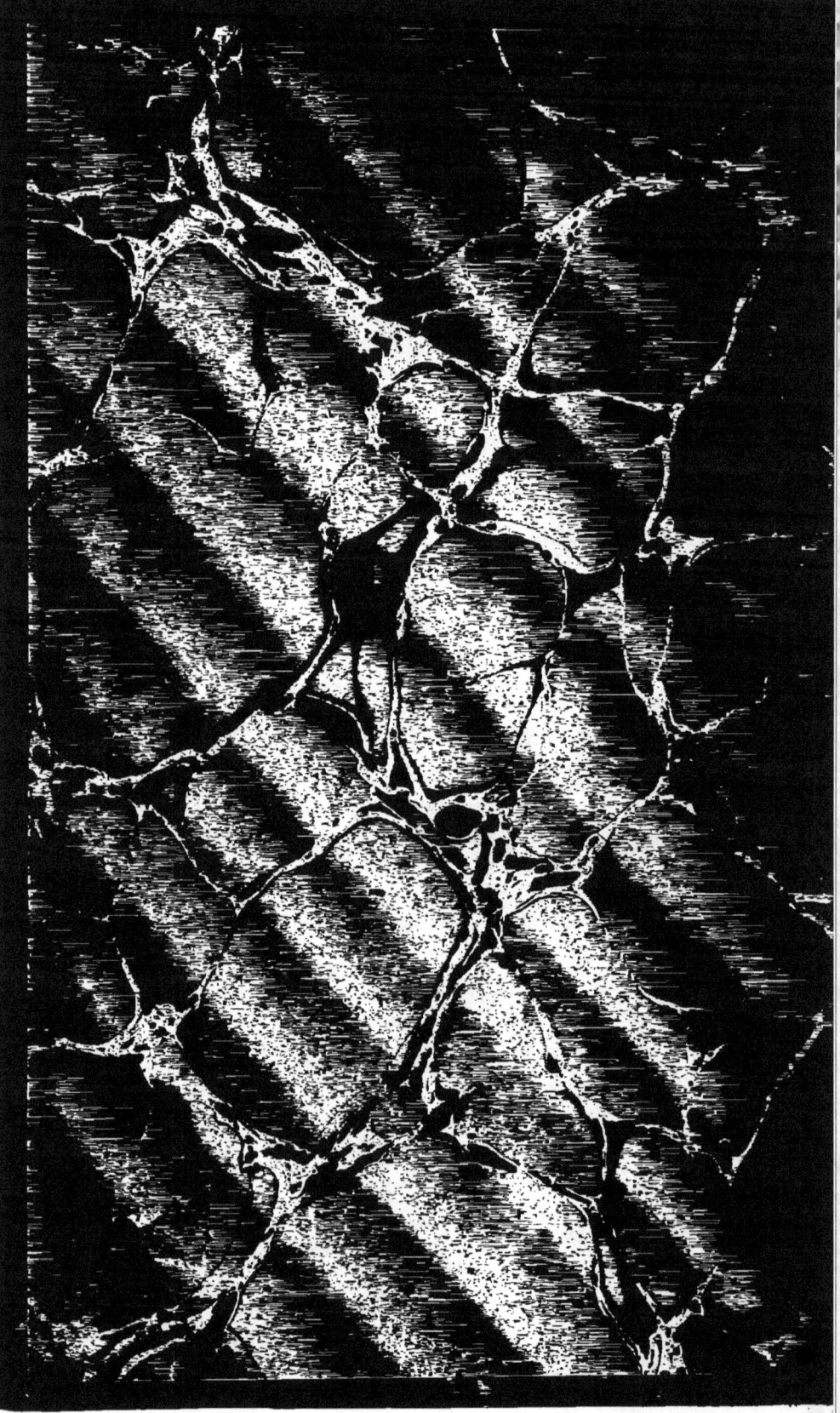

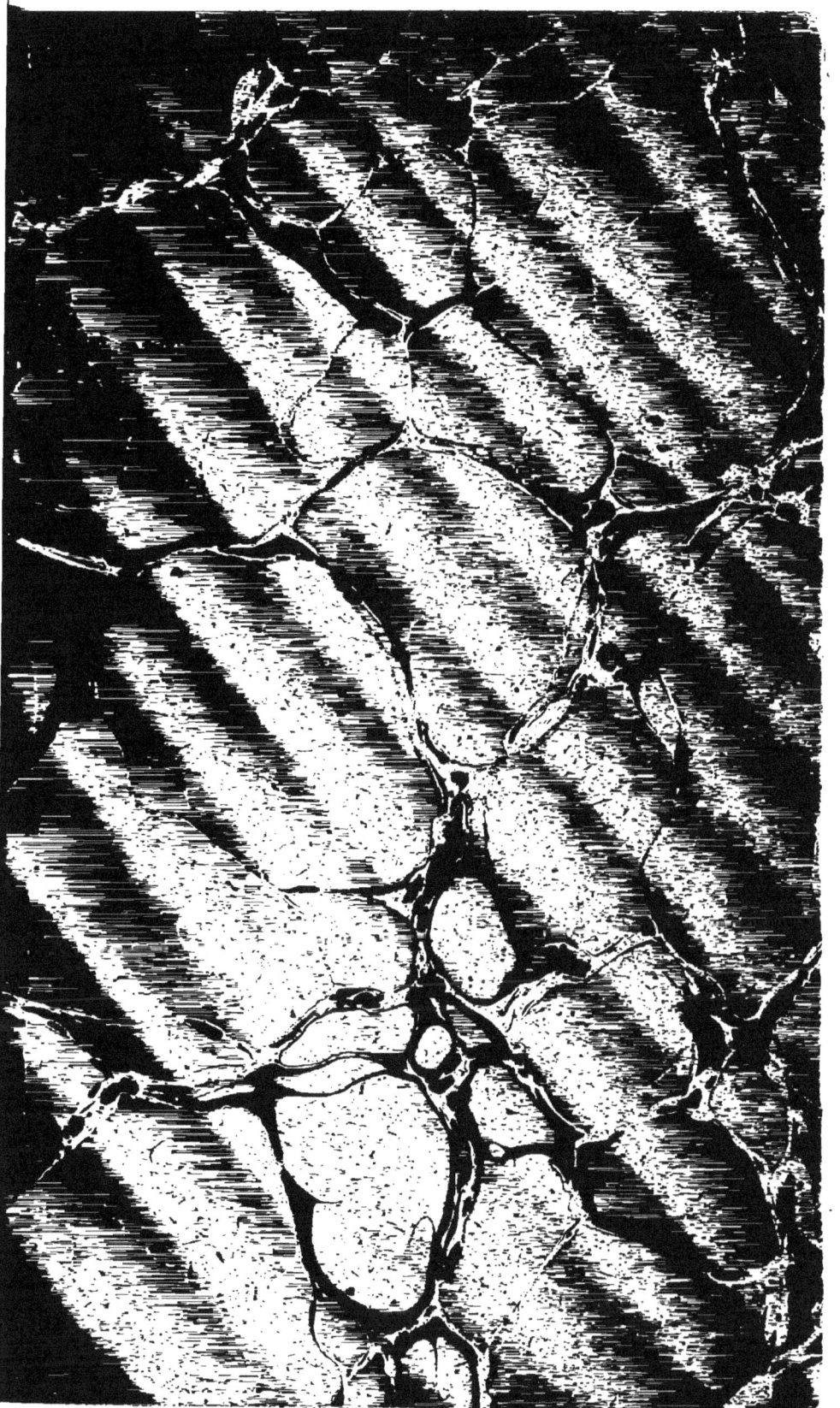

DE LA

COMÉDIE FRANÇAISE

DEPUIS 1850.

IMPRIMÉ PAR E. BRIÈRE,

RUE SAINTE-ANNE, 55.

DE LA
COMÉDIE FRANÇAISE

DEPUIS 1830

OU

RÉSUMÉ DES ÉVÉNEMENS

SURVENUS A CE THÉATRE DEPUIS CETTE ÉPOQUE JUSQU'EN 1844

POUR SERVIR DE COMPLÉMENT A TOUTES LES HISTOIRES
DU THÉATRE-FRANÇAIS.

Augmenté du texte officiel du Décret de Moscou, et du Discours prononcé
par M. Samson, doyen des Sociétaires, pour l'inauguration
du Monument de Molière.

PAR

EUGÈNE LAUGIER.

PARIS,

TRESSE, Éditeur, | Bureaux de la
Galerie de Chartres, n° 2, | **GAZETTE DES THÉATRES**,
au Palais-Royal. | Rue Ste-Anne, n° 55.

1844.

En consentant à la réimpression d'une série d'articles sur la Comédie-Française, insérés il y a quelques mois dans un journal spécial, il n'entre pas dans ma pensée d'écrire une partie de l'histoire du Théâtre-Français. Je n'ai ni assez de talent ni assez d'autorité pour entreprendre et achever un pareil travail, dont je ne puis pas cependant m'empêcher de déplorer l'absence. Je ne viens donc point combler une lacune fâcheuse. D'autres, plus habiles ou placés à un point de vue meilleur, se chargeront de ce soin. Seulement, comme mes renseignemens ont été puisés aux bonnes sources, comme j'ai, pour ce qui me concerne, la conscience et de la bonne foi que j'ai apportée dans le simple récit des faits, et de l'indépendance de mes opinions, je livre le produit de mes recherches et la réunion des matériaux dont j'ai pu disposer aux chroniqueurs futurs, n'ayant pas d'autre ambition que celle de pouvoir être utile aux écrivains qui viendront après moi. Les articles d'un journal livré aux exigences des nouvelles quotidiennes, à la défense exclusive des intérêts du moment, n'ont qu'une existence éphémère. Ce léger volume vivra quelques jours de plus sans doute, et gardera un peu plus sûrement, je l'espère, les élémens qu'il renferme; son apparition n'a pas d'autre but.

DE LA COMÉDIE-FRANÇAISE

DEPUIS 1830.

RÉFLEXIONS PRÉLIMINAIRES.

Ces réflexions, indispensables pour expliquer nos motifs, c'est le *National* du 7 août 1843 qui s'est chargé de nous les fournir, et cela en trop bons termes pour que nous n'en fassions pas notre profit. Après avoir prouvé qu'en général les théâtres ont tort de s'irriter contre la critique, qui n'est, au bout du compte, que l'expression de l'opinion publique, avec toutes ses divergences, ses nuances tranchées, ou son unanimité, selon l'occasion, M. Rolle ajoutait :

« Que le Théâtre-Français le sache bien, ses meilleurs amis ne sont pas ceux qui le félicitent à tort et à travers et l'admirent à tout propos.

Quant à nous, nous pensons qu'une observation même un peu rude, mais juste, est une preuve d'affection plus véritable qu'un système de louanges banales, qui vous entretient aveuglément dans vos erreurs ou dans vos vices. A ce titre, nous avons la prétention d'être au nombre des meilleurs amis du Théâtre-Français. Nous l'aimons, en effet, très-sincèrement pour son glorieux passé, pour son présent même, et c'est à cause de cette tendresse que nous assaisonnons çà et là les marques de notre affection de très-bonnes vérités. »

M. Rolle avait bien raison, mais il n'a pas été cru sur parole, et le Théâtre-Français persiste, nous l'avions craint, dans les plaintes que le spirituel et docte écrivain lui reprochait d'élever sans cesse à la plus minime critique et au moindre vent. C'est que le Théâtre-Fraçais ne commet guère d'erreurs involontaires ; il poursuit le système qu'il s'est dicté, et dans lequel il voudrait persévérer jusqu'a la fin, c'est-à-dire jusqu'à la ruine infaillible de l'art dramatique, dont il est cependant constitué le représentant et le gardien.

Ce qui motive de notre part la chronique rétrospective que nous ferons passer sous les yeux de nos lecteurs, et qui aura pour sujet la narration exacte, et la plus complète possible, de tous les faits et gestes de notre premier théâtre depuis 1830, c'est qu'il ne manque pas de gens incrédudules qui cherchent à nier même l'évidence, et qui, lorsque l'on s'avise de formuler une opinion sur le déplorable état de la Comédie-Française, crient très-fort à l'injustice, à la prévention et à la partialité. L'exposé des événemens et des faits vaudra donc mieux que tous les raisonnemens.

Si le Théâtre-Français était régi au nom d'intérêts particuliers et dans un but purement spéculatif et commercial, bien que la critique, dans tous les cas, conserve toujours son libre arbitre pour blâmer les nouvelles pièces, les engagemens des sujets indignes, et la triste représentation de nos chefs-d'œuvre, le Théâtre-Français, disons-nous, pourrait, jusqu'à un certain point, contester le droit de chacun à s'initier dans les actes intimes d'une administration privée.

Mais tel n'est pas l'ordre de choses, il s'en faut bien. La Comédie-Française est notre théâtre le plus important, le plus ancien de tous ; elle est le temple consacré à la conservation et à l'exposition permanente des richesses littéraires de la France, qui a produit, sans contredit, les plus grands auteurs dramatiques. C'est presque d'une question de dignité nationale qu'il s'agit, attendu que l'État paie et subventionne les comédiens français, non pour qu'ils fassent leurs propres affaires, mais celles de l'art dramatique, dont ils sont les interprètes officiels. Il faut donc, et ceci c'est plus qu'un droit, c'est un devoir, s'inquiéter un peu des causes de la décadence qui nous occupe, et remonter à la source du mal qui grandit, et qu'il n'est plus possible de nier.

Exprimons ici un regret. L'histoire de la Comédie-Française n'est pas complète, et même elle n'existe pas. Après les frères Parfaict, qui seuls ont laissé des souvenirs développés sur les commencemens du théâtre, personne n'a continué un travail qui aurait cependant son enseignement et son utilité incontestables. MM. Etienne et Martainville n'en ont étudié que la partie révolutionnaire, et leurs quatre petits volumes, qui datent déjà de 1803, et qui n'ont pas été réimprimés depuis, auront au moins le mérite précieux d'éclairer et de débrouiller les temps orageux et difficiles.

Entre M. Etienne et les frères Parfaict, rien de spécial. Il faut chercher dans la correspondance de Grimm, de Diderot, dans les lettres de Voltaire, dans l'année littéraire de Fréron et ailleurs, mais toujours çà et là, des renseignemens qui, réunis et coordonnés, offriraient au coup-d'œil un ensemble qu'il est impossible de saisir sans beaucoup de recherches et de temps perdu. L'empire ne nous a laissé que des mémoires particuliers qui ne font qu'effleurer la Comédie-Française, ou des mémoires de comédiens, qui se sont beaucoup occupé d'eux d'abord, et d'eux toujours; et les feuilletons de Geoffroy, qui ont leur intérêt à titre de discussion et d'examen littéraire, n'apprennent rien de ce qui concerne les acteurs, l'administration du théâtre et sa constitution. Donc, jusqu'à ce jour, beaucoup de renseignemens épars en vingt endroits divers, mais rien de ce qui est l'histoire véritable d'une institution.

Nous savons, de reste, qu'un travail de cette nature, œuvre de patience avant tout, et qui pourrait bien, en définitive, n'obtenir qu'un résultat peu lucratif, n'a pas de chance pour être entrepris. On ne s'inquiète pas toujours de ce qui est utile, mais de ce qui rapporte. L'exposé que M. Hippolyte Lucas vient de faire paraître, excellent comme analyse philosophique, comme aperçu rapide sur les tendances littéraires de la Comédie-Française depuis son origine jusqu'à nos jours, ne contient pas les détails placés en dehors du plan que l'auteur s'était tracé, et ce qui manque aussi, ce que M. Lucas n'a pas fait, parce qu'il n'a pas voulu le faire, c'est cet examen historique qui aurait pour résultat d'enseigner l'influence directe que l'organisation du Théâtre-Français a pu avoir, et a maintenant encore sur les ouvrages dramatiques qu'il est chargé de représenter.

Qui peut dire, en effet, de quelle importance et de quelle gravité ont dû être les décisions de MM. les comédiens français à l'égard des auteurs de toutes les époques, par conséquent sur la nature de leurs productions, sur l'ensemble de notre histoire littéraire, en un mot? Que de chapitres n'a-t-on pas écrits sur les tendances de tel écrivain, sur la portée de son talent, sur les contradictions de son génie, savantes élucubrations de sérieux commentateurs qui auraient trouvé souvent dans les coulisses ce qu'ils allaient chercher bien loin.

Quant à nous, ce que nous voulons aujourd'hui, et ce que nous allons faire, c'est de la narration contemporaine. Nous prendrons le Théâtre-Français en 1830, parce qu'il a été en proie cette année-là à une crise très-grave, et qu'on a pu perdre un instant l'espoir de conserver le Théâtre-Français. Nous prouverons qu'il y a quinze ans, lorsque l'on désespérait de l'existence de notre première scène, elle était supérieure, en tous points, à ce qu'elle est aujourd'hui. L'année 1830 a vu pour la Comédie-Française l'irruption véritable de l'école dite romantique, école dont la nature absorbante, tyrannique et envahissante, est de sacrifier à ses intérêts uniques, même les théories qui lui servent de piédestal. Puis sont venus, d'une part, le charlatanisme littéraire, qui a servi à égarer le public, les primes, les traités frauduleux, les ventes de billets d'auteurs, les faux succès dans la salle par les claqueurs, dans les journaux par la camaraderie et les annonces payées; d'autre part, la retraite des comédiens d'élite, et la réception de talens douteux.

Nous dirons comment il s'est formé au sein de la Comédie-Française un parti qui juge les productions des auteurs à sa taille exiguë, qui ramène tout ce qui l'entoure aux proportions étroites des talens qu'il a adoptés, et qui ne joue le vaudeville que par son impuissance même à jouer la haute comédie.

Il deviendra évident alors que le Théâtre-Français n'a plus de spécialité, plus de couleur tranchée, plus d'enseignemens, plus d'école; que le répertoire moderne qu'on y joue est celui de tous les théâtres de genre, et qu'il n'y a pas plus de profit à aller au Théâtre-Français qu'au Vaudeville, aux Variétés ou au Palais-Royal; que l'administration intérieure du Théâtre-Français a les mêmes allures et les mêmes procédés que celle des spectacles de genre que nous venons de citer, quand cette administration devrait agir autrement, puisqu'elle représente ce qu'elle doit défendre, d'autres intérêts.

Et tout ceci ne constitue pas un procès que nous entendons faire à la Comédie-Française, ce n'est pas un réquisitoire dont nous prétendons l'accabler; pas le moins du monde. Répétons-le, nous sommes les amis de la Comédie plus que personne, et il nous est pénible d'assister à sa longue agonie. A cette heure, le Théâtre-Français contient encore assez d'hommes de mérite et d'élémens divers pour reconquérir, sinon le tout, du moins une partie de son ancienne splendeur. Nous savons que les comédiens ne sont pas les seuls coupables, et que certains auteurs ont sur la conscience bien des mesures prises, reconnues désastreuses, dont les comédiens ont dû subir la responsabilité, et dont les auteurs sont les causes premières. Donc il nous suffira de raconter, en rendant à chacun la justice qui lui sera due.

Pour plus de clarté dans notre marche, nous diviserons notre récit en quatre chapitres naturellement distincts. Depuis la réorganisation du Théâtre-Français, en 1830, sous la loi des sociétaires jusqu'à l'avénement du premier directeur nommé : première partie.— L'administration de M. Jouslin de La Salle : deuxième partie. — L'administration de M. Védel : troisième partie. — Enfin, le retour des comédiens aux règlemens du décret de Moscou, et l'administration actuelle des sociétaires : voilà pour la quatrième partie. — De cette manière, et en suivant les événemens pas à pas, nous pourrons peut-être saisir la pensée funeste qui a nui et nuit encore aux intérêts de l'art, et par conséquent aux intérêts du Théâtre-Français, et nous formerons des vœux pour que l'exemple du passé, dont chacun pourra se convaincre, puisse servir de leçon efficace pour l'avenir.

PREMIÈRE PARTIE.

—

ADMINISTRATION DES SOCIÉTAIRES. — RÉPERTOIRE DU THÉATRE-FRANÇAIS DE 1830 A 1833.

—

Nous avons à examiner le Théâtre-Français sous deux points de vue bien tranchés : la partie littéraire et la partie administrative ; la marche du répertoire, les productions nouvelles, l'aspect purement scénique de la question, et l'impulsion directoriale du comité directeur ; les faits que le public est appelé à juger, et les raisons qu'on lui cache. Mais il n'y a pas d'effets sans causes, et il nous faudra bien remonter aux sources pour expliquer les faits.

En 1830, le Théâtre-Français possédait encore une fort belle réunion de talens, ce qui n'empêchait pas les vieux amateurs de crier à la décadence. A la tête du Comité figurait, ou ne figurait pas, M. le baron Taylor, commissaire du roi. Si M. Taylor payait peu de sa personne, son nom, du moins, était une garantie, surtout pour les idées novatrices qu'il protégeait. Quant au personnel des comédiens, il se composait, tant en sociétaires qu'en pensionnaires, de MM. Grandville, Lafon, Monrose, Firmin, Cartigny, Michelot, Menjaud, David, Samson, Desmousseaux, Saint-Aulaire, Armand Dailly, Joanny, Ligier, Perrier, Beauvallet, Dumilâtre, Geffroy, Faure, Guiaud, Montigny; de MM^{mes} Mars, Demerson, Menjaud, Dupont, Desmousseaux, Valmonzey, Paradol, Hervey, Mante, Rose Dupuis, Leverd, Despréaux, Brocard, Anaïs.

Mlle Duchesnois était retirée, et voyageait à Londres, où elle donnait des représentations.

Bref, de beaux et grands talens, qu'on aurait pu conserver quelque temps encore, et la partie jeune de la troupe, avec les espérances qu'elle donnait déjà, il n'y avait, certes, pas là de quoi s'alarmer et gémir, et il ne fallait à des élémens si complets qu'une bonne impulsion.

Mais cette impulsion salutaire manquait; le Théâtre-Français n'avait pas de tendances arrêtées et positives; une pensée dominante, ayant un but déterminé, lui faisait défaut; chaque esprit se laissait aller à ses affections et à ses croyances; l'anarchie était à peu près complète, et la société épuisait ses moyens de réussite en les divisant, au lieu de les augmenter par l'union qui fait la force.

Il est vrai que la question était difficile, et les circonstances douteuses. Où étaient les sauveurs de la Comédie-Française? De quel côté diriger ses pas? Quel parti littéraire devait obtenir gain de cause? Toutes demandes sans solutions aucunes; de beaux souvenirs et des affections, la reconnaissance et les vieilles croyances d'un côté; de l'autre, des sympathies inexplicables pour un avenir encore inconnu, un malaise général, un besoin irrésistible d'abandonner la route tracée, si pleine de gloire, pour des sentiers que l'on prédisait comme étant couverts de fleurs, mais que l'expérience n'avait pas encore dévoilés. Quelques noms nouveaux avaient donné des gages assez brillans pour essayer de s'abandonner à leurs promesses, et cependant les chefs-d'œuvre du répertoire étaient encore là dans toute leur splendeur, et accusant d'ingratitude les irrésolus et les tièdes. C'était vraiment embarrassant.

La comédie avait révélé MM. Delaville, Samson, Empis, Casimir Bonjour, Mazères, Ancelot;

M. Scribe, qui, avec *Valérie*, confiée à Mlle Mars, avait réalisé des recettes fabuleuses, surtout à l'époque où ce vaudeville sentimental alternait ses représentations avec Talma; M. Scribe, qui, depuis, s'était expliqué plus franchement avec *le Mariage d'Argent*; M. Scribe, la comédie du Gymnase d'une main, et ses exigences de l'autre, tentait bien fort les comédiens : s'il n'y avait pas toujours honneur à jouer ses œuvres, il y avait du moins profit. De même pour M. Casimir Delavigne, dont *l'Ecole des Vieillards* remua tout Paris; il est vrai que Talma et Mlle Mars avaient été ses interprètes; il est vrai que les ouvrages suivans de cet auteur ne s'étaient pas trouvés, il s'en fallait de beaucoup, à la hauteur du premier; que *l'Ecole des Vieillards* elle-même, cette œuvre aimable et correcte, faible d'invention et d'arrangement, où l'idée se résume dans une question assez vide : ira-t-elle ou n'ira-t-elle pas au bal? que cette œuvre, enfin, tout en remplissant les caisses de la Comédie, avait porté un coup funeste à son répertoire; il est vrai, enfin, que le Théâtre-Français, en bonne conscience, avait le droit de se regarder un peu en arrière, et d'apprécier le vide de ses succès. Dans ces triomphes obtenus, les acteurs avaient la plus belle part, et les acteurs durent moins que les œuvres; la suite l'a bien prouvé. Donc, si le présent était encore acceptable, l'avenir devenait douteux.

Henri III était le premier essai sérieux d'une innovation franche et complète. Mlle Mars, qui avait prouvé vingt fois qu'elle aussi pouvait aborder le drame aux émotions fortes, s'était révélée grande tragédienne dans la duchesse de Guise ; et l'écho des applaudissemens qui retentirent alors bruyamment n'avait pas assez fait silence pour ne pas exciter des désirs bien naturels de deux parts : elle, la suave actrice, pouvait voir s'ouvrir encore devant elle des chances peu exploitées et une vie nouvelle, et la foule avide ne demandait qu'à s'émouvoir et se passionner.

Malgré tous ces prémices, le présent était vide, et il était urgent d'adopter un parti. Après les quelques pas tentés en dehors de son cadre habituel, le Théâtre-Français s'était replié sur lui-même; il n'avait pas osé aborder franchement la question; il n'avait voulu conclure aucun pacte, ni avec la comédie de MM. Scribe et Casimir Delavigne, laquelle brillait d'un faux éclat, ni avec le drame moderne, qui promettait beaucoup, tenait peu encore, et mettait pour condition à son alliance le sacrifice de toutes les idées reçues jusqu'alors, même les bonnes, même le bon goût;

ni enfin avec ces novateurs timides, gens qui ne tiennent à aucune école, et dont le défaut essentiel est l'absence de toute couleur, de toute originalité. Donc, et plus que jamais, le Théâtre-Français hésitait.

Le résultat de ces réflexions bien mûries fut de ne rien décider du tout. Au commencement de 1830, on commença par vider les cartons. *Clovis*, de M. Lemercier, l'auteur d'*Agamemnon* et de *Pinto*, parut d'abord; à deux reprises différentes, en 1801 et 1820, la représentation de cette pièce avait été ajournée. L'ouvrage, imprimé depuis longtemps, n'avait pas encore passé par les épreuves de la scène, qui ne lui fut pas favorable, malgré Joanny et Mme Valmonzey. Puis vint le *Gustave-Adolphe*, de M. Lucien Arnault, l'auteur de *Régulus* et de la *Mort de Tibère*. Ces deux souvenirs trop pâles du passé ne prouvaient rien.

Cependant un événement très-grave se préparait. De toutes parts on s'attendait à une lutte sérieuse; et ce n'est pas de la révolution de juillet qu'il s'agit, mais d'*Hernani*, de M. Victor Hugo. C'était aussi une révolution dans son genre, et dont notre poète était le héros. Les uns le qualifièrent d'usurpateur, les autres de conquérant légitime, affirmant que, dans le domaine de la pensée, le succès justifie tout : ce qui est très-vrai quand il y a succès. Longtemps à l'avance, on blâmait ou louait l'ouvrage, avec exagération des deux parts. En adoptant l'œuvre nouvelle, le Théâtre-Français avait cédé aux exigences de l'opinion publique, qui ne comprenait pas et ne voulait pas admettre que notre première scène littéraire pût rester obstinément fermée au culte poétique de toute la partie jeune des intelligences alors en fermentation. En dehors du théâtre, le prologue obligé eut lieu, c'est-à-dire des vers tronqués, colportés, arrangés, clandestinement admirés, ou livrés à la risée des incrédules et des esprits faibles; une correspondance de l'académicien Briffaut, censeur dramatique, accusé par M. Victor Hugo d'avoir abusé des secrets du manuscrit confié à son examen, amusa ou indigna le public, selon ses sentimens et ses sympathies, et bientôt un succès éclatant, à peine troublé par quelques sifflets envieux et opiniâtres, couronna la série des émotions diverses dont *Hernani* a été si longtemps l'occasion et le prétexte. Des qualités d'un lyrisme élevé, certaines allures cornéliennes, des vers pleins et sonores, l'aventureux Hernani, la touchante dona Sol, la bizarrerie de quelques situations, et beaucoup de parti pris, grandirent ce succès outre mesure. La première représentation eut lieu le 25 février 1830, et la recette s'éleva

5,134 fr. Il est vrai que la veille M. Victor Hugo avait annoncé qu'*Hernani* serait joué devant un public payant. Depuis, M. Victor Hugo a singulièrement dérogé à ses habitudes, convenez-en.

Michelot, Joanny, Firmin, M{^{lle}} Mars furent admirables.

Nous passerons rapidement sur les événemens politiques de 1830. A sa réouverture, le Théâtre-Français, sur la proposition de M. Michelot, sociétaire, donna douze représentations au profit des victimes des trois journées : ces douze représentations s'appliquaient aux douze arrondissemens de la ville de Paris.

Vient maintenant la nomenclature aride du répertoire : *Un Mariage d'Amour*, de M. Ancelot, joué par Michelot, Monrose, Samson, MM{^{mes}} Desmousseaux, Rose Dupuis et Demerson. — *Françoise de Rimini*, tragédie de M. Gustave Drouineau, par M{^{me}} Valmonzey. — *Junius Brutus*, de M. Andrieux, par Joanny et Michelot. — *Une Corinne*, ayant pour interprète encore M{^{me}} Valmonzey. — *La Demoiselle et la Dame*, de MM. Mazères et Empis, pièce qui donnait de grandes espérances, et qui ne les réalisa pas, malgré MM{^{mes}} Mars, Leverd, Despréaux, MM. Michelot, Firmin, Grandville, Perrier et Samson. — La reprise de *Charles IX*, de Chénier, tragédie remise au répertoire pour sacrifier aux idées du moment, et qui fut jouée sans succès et sans profit. — *Le Nègre*, drame en vers libres, de M. Ozanneaux : chute complète.— 1760 *ou les trois Chapeaux*, de M. A. de Longpré, charmant petit acte, un peu graveleux, mais très-spirituel, adorablement dit par Michelot, Menjaud, Perrier, MM^mes Mante et Brocard.— Enfin, un *Don Carlos*, qui tomba : tel est le bagage dramatique de l'année 1830.

Qu'en reste-t-il ? *Hernani*, dont les reprises, à cette heure, sont peu fructueuses, malgré les beautés incontestables qu'il renferme, et la jolie bluette de M. de Longpré, avec son parfum de régence qui ne déplaira jamais. Au milieu de tous ces essais impuissans, l'anarchie était au comble au sein du comité des comédiens français ; l'absence prolongée de M. le baron Taylor empirait assez l'état des choses pour qu'il devînt urgent de prendre un parti. M. Mazères fut nommé commissaire du roi provisoire, et l'on se crut sauvé.

L'année 1831 commença avec ces tristes auspices. Comme répertoire, elle est encore plus vide d'intérêt.

Les Intrigans ou la Congrégation, de M. Delaville, pièce qui datait de 1825, et qui eut le tort de venir au moment où la pensée plus libre et dégagée de ses entraves aurait permis à l'auteur plus de franchise et d'abandon, se ressentit de la gêne, de la différence des temps, et n'obtint qu'un succès estimable, grâce à une poésie élégante. *Charlotte Corday*, drame en 5 actes, de M. Regnier-Destourbet, attaquait par trop et de front levé toutes les convenances de la tradition. C'était une odeur de mélodrame qui ne convenait guères aux nerfs justement délicats de la Comédie-Française, et que MM. Samson, Beauvallet, MM^{mes} Anaïs, Mante et Brocard ne pouvaient pas sauver. — *Naissance, Mérite et Fortune* eut un double tort, celui de venir trop tard, comme la pièce de M. Delaville, et de ne pas être jouée par l'élite de la Comédie.—*Camille Desmoulins*, triste ouvrage, rempli de souvenirs politiques, où l'histoire contemporaine est contredite, et les lois de l'art foulées aux pieds. — *L'Amitié des Femmes*, de M. Lafitte. — *Les Rendez-Vous*, de M. de Longpré, qui eurent le tort d'avoir été précédés par *les Trois Chapeaux*.—*Le Mépris de l'Opinion*, comédie en 5 actes, en vers, par M. Barrault, un des chefs de l'Ecole saint-simonienne; insuccès. — *Dominique le Possédé*, de MM. d'Epagny et Dupin, bouffonnerie charmante entre la main de Monrose, qui en avait fait son œuvre.—*Le Clerc et le Théologien*, ou *le Clerc de la Bazoche*, ou

Jacques Clément, titre sous lequel la pièce fut jouée aux Français, avec M. d'Epagny pour auteur, et qui fut jouée sous l'un des deux autres titres, à l'Odéon, avec M. Scribe pour parrain ; ce qui donna lieu à un procès intenté par M. Harel à M. Scribe, lequel gagna, et fut joué à deux théâtres.—*Les Préventions*, petit proverbe de M. Théodore Leclerc.—*L'Esprit du Mari*, petit acte en prose.—*La Famille de Lusigny*, grand drame, et à grande réussite, de M. Frédéric Soulié. — *La Reine d'Espagne*, œuvre remarquable de M. H. Delatouche, un des esprits les plus distingués de notre temps, pièce qui avait pour héroïne Marie d'Orléans, et pour héros un héros fort triste, Charles II, roi d'Espagne; tentative hardie, qui ne trouva pas grâce devant le public effarouché du nœud de l'intrigue et des motifs du drame, et qui condamna, par respect pour les *convenances*, ce que M. Delatouche avait si habilement déguisé. — *Josselin et Guillemette*, *Pierre III*, mauvais drame en 5 actes.—La *Fuite de Law*, comédie de M. Mennechet, qui se trompa cette fois-là : voilà pour l'année 1831 ; nomenclature assez complète, quant au nombre, mais d'une mince importance comme résultats littéraires.

Le Théâtre-Français était abandonné ; toutes les questions sérieuses se dénouaient à l'Odéon et à la Porte-Saint-Martin. L'école classique était muette, l'école romantique avait planté ses bannières aux boulevards ; cependant *Antony* avait été présenté à la Comédie-Française, il avait été reçu, appris, répété. Firmin devait jouer Antony, et Mlle Mars Adèle d'Hervey ; la veille on avait annoncé la pièce pour le lendemain, et le jour même l'auteur retirait son œuvre.

Mlle Mars, par sa retraite, venait de porter un coup encore plus funeste à ce pauvre théâtre, que tout le monde abandonnait. Mme Moreau-Sainti, cette actrice sage et correcte, très-convenable pour jouer à côté de Mlle Mante, qu'elle pouvait suppléer heureusement, débutait dans les rôles de grandes coquettes, dans les ingénuités de Mlle Mars. L'idée n'était pas heureuse ; « le Théâtre-Français est à refaire, s'écriait-on de toutes parts, » et le Théâtre-Français se débattait au milieu de son impuissance. Pour lui venir en aide, l'Académie divisait le prix Monthyon, et accordait deux prix de dix mille francs à l'auteur de la meilleure tragédie ou comédie ; mais cet auteur ne se produisait pas. La mode, l'engouement, la prévention, le Théâtre-Français avait tout à combattre. Ce fut le moment de sa crise la plus critique, et dont il ne devait sortir qu'avec la réaction.

En 1831, les recettes du Théâtre-Français avaient atteint un minimum vraiment fabuleux. Un spectacle composé du *Tartufe* et du *Legs*, de Marivaux, avait fait entrer dans la caisse la somme incroyable de 68 fr. et quelques centimes. *L'Ecole des Vieillards* et *Valérie* étaient tombées, jouées ensemble, jusqu'à 320 fr. 45 c., et même à 226 fr. 15 c., et l'ensemble de cette année désastreuse présentait un maigre total de trois cent et quelques mille francs! Au commencement de 1832, la présence de Mlle Mars, rentrée sans cependant ramener la foule, établissait bien une différence assez sensible; mais, hélas! c'était en réalité une misère profonde, que l'éloignement de plus en plus prononcé du public menaçait d'augmenter bientôt.

On inventa les représentations à bénéfice, palliatif convenable pour quelques jours seulement, et dont l'effet ne pouvait pas être de longue durée. Expliquons-nous. Quand nous disons que la Comédie-Française inventa les représentations à bénéfice, nous entendons le parti qu'elle s'était imaginé d'en tirer. Pour ces solennités en l'honneur des sociétaires, et qui n'étaient, en définitive, que l'acquit de dettes consacrées, la Comédie-Française conviait à elle, parmi les plus valides des grands talens à la retraite, les plus beaux noms de son passé, invitant ainsi le public, qui prit goût d'abord aux apparitions premières, à continuer d'accorder pendant quelques soirées encore, en dehors de la représentation destinée au bénéficiaire, ses sympathies ou son argent à un théâtre, le seul qui pût exhumer d'aussi belles richesses. En principe, l'idée était bonne, mais on en abusa trop vite, et l'idée, devenue banale, se trouva gâtée.

C'est ainsi qu'en l'honneur de Mme Rose Dupuis on remit le *Philosophe sans le savoir*, ce chef-d'œuvre de Sédaine, avec les deux Baptiste dans Vanderck père et Antoine, Armand dans Vanderck fils, Mlle Mars dans Victorine, Mme Leverd dans le rôle de la tante, et tout le personnel du théâtre dans la cérémonie de la noce. Si un pareil spectacle était encore possible aujourd'hui, on ferait de l'or pendant plusieurs jours ; mais entre le Théâtre-Français d'il y a dix ans, quelque malade qu'il pût être, et le nôtre, il y a tout un monde, il y a un siècle d'écoulé.

La représentation du *Prince et la Grisette*, comédie en trois actes et en vers, qui n'avait rien d'un peu piquant que le prétexte d'aventures privées concernant le duc d'Orléans, et c'est un triste moyen de succès que le scandale politique, quand il donne lieu à de ridicules rapprochemens ;

cette nouveauté, peu digne de notre premier théâtre, précédait un événement important, *Louis XI*, donné au Théâtre-Français, le 9 février 1832. Il est à remarquer que M. Casimir Delavigne, l'auteur le plus choyé, le plus gâté, le plus aimé de la Comédie-Française, a toujours été onéreux pour elle, et que chacune de ses œuvres a été l'occasion d'un sacrifice ou d'une humiliation. *Louis XI*, fait pour Talma d'abord, et destiné à Ligier ensuite, devait être donné à la Porte-Saint-Martin, en récompense des succès obtenus à ce théâtre par *Marino Faliero*. Remarquez encore que Ligier, sorti du Théâtre-Français pour jouer le Doge (le procédé de l'auteur était d'ailleurs peu délicat; car s'il voulait prouver sa reconnaissance à la Porte-Saint-Martin, il en devait bien un peu, sans doute, à la Comédie-Française, qui avait joué *l'Ecole des Vieillards* et *la Princesse Aurélie*); remarquez, dis-je, que Ligier, sorti de la Porte-Saint-Martin pour entrer à l'Odéon, traînait *Louis XI* à sa suite. Le Théâtre-Français ne dut l'œuvre nouvelle qu'à un arrêt de la Cour royale, qui obligea Ligier à rentrer au bercail. Rien ne saurait se comparer à l'enthousiasme des comédiens aux lectures de *Louis XI*; tout le monde voulait jouer, et c'était une honte ou un malheur que de ne pas avoir un rôle. Le succès, du reste, fut éclatant. Succès de spectacle et d'acteurs, car *Louis XI*, comme œuvre littéraire, mérite des critiques sévères qui ont été faites justement. Recettes des premières représentations : 4,972 80—1,524 10—1,910 10— 2,196—3,077 20. On a vu mieux que cela.

Mais on était si peu habitué alors à des résultats même médiocres, que l'*immense* succès de *Louis XI* manqua de faire tourner la tête aux comédiens. Mlle Mars n'était plus sociétaire, et négociait un engagement. On ne parut pas comprendre d'abord que l'œuvre de M. Casimir Delavigne, en la supposant trois fois plus productive qu'elle ne l'était en réalité, durerait juste l'espace de temps voulu pour satisfaire la curiosité publique, tandis que le talent de Mlle Mars était un fonds inappréciable sur lequel on pouvait appuyer à bon droit des espérances raisonnables et dignes du Théâtre-Français. On négocia longuement : 24,000 fr. d'appointemens arriérés pendant le temps où Mlle Mars s'était abstenue de jouer formaient le point contesté; au milieu de la discorde, l'aveuglement était tel, que MM. les comédiens proclamaient hautement que pour Mlle Mars l'heure de la retraite définitive avait sonné, et que son âge lui faisait du repos un devoir et un besoin; on en vint jusqu'à des réflexions peu polies, quand on aurait dû se mettre à genoux devant l'exquise délicatesse d'un talent qui n'avait aucun terme de comparaison possible, devant ce type d'une perfection qui n'existait plus nulle part, pas même au Théâtre-Français. On fit sonner très-haut les soixante ans de Mlle Mars, et autres impertinences de même nature. Un critique de Paris très-spirituel, et plus érudit peut-être encore, prouva que Mlle Mars, née en 1778, n'avait pas soixante ans, et qu'elle avait d'ailleurs l'âge d'Araminthe, de Célimène et de Sylvia. La Comédie conclut enfin à raison de 70,000 fr. d'appointemens pour l'année, et Mlle Mars opéra une rentrée nouvelle. Du reste, les sociétaires, pour leur parcimonie, avaient une excuse dans les 4 ou 5,000 francs de part dont ils étaient obligés de se contenter depuis deux années entières, et à ce prix les scrupules pouvaient être permis. Il est vrai que le jour de la rentrée de Mlle Mars on réalisa une recette de 4,000 fr.

Le Comité, qui avait perdu Lafon, Michelot, Firmin, Firmin, plein de verve encore et de jeunesse, se donnait un démenti réel en continuant de produire, par intervalles, Armand et Baptiste Cadet. Duparai, l'excellent Duparai, nouveau à la Comédie-Française, mais vieux de talent, comme les grands talens de l'ancien théâtre, contribuait, par sa présence, à remettre la comédie en honneur. Avec Mlle Mars, et malgré *l'Ecole des Vieillards, le Mariage d'argent* et *la Coquette corrigée, la Comédienne, le Menteur*, qui ne produisaient que des demi-recettes, la Comédie aurait peut-être eu l'honneur d'opérer, dès ce moment, un commencement de réaction salutaire, si la société, toujours divisée et discutant sans cesse, n'avait pas été dans une voie déplorable d'administration. La reprise du *Muet*, un des plus gais ouvrages de Brueys et Palaprat, où Monrose se montrait étincelant d'esprit et de verve, prouvait en faveur des symptômes qui se manifestaient à l'égard du genre ; mais on avait trop de choses sur les bras, au Palais-de-Justice, pour s'occuper de former un répertoire ayant quelque chance sérieuse de succès.

Ce que la Comédie-Française eut à subir de procès cette année-là est incalculable. Procès avec l'auteur de *Beatrix Cenci*, M. de Custines, lequel avait avancé une dixaine de mille francs pour frais de décors et de costumes, et qui, ne pouvant faire jouer son œuvre, arrêtée par décision ministérielle, redemandait son argent. — *Mais rendez donc l'argent!* — Se retranchant derrière la responsabilité du ministre, la Comédie gardait la pièce et les écus. Plus tard, *Beatrix*, portée à la Porte-Saint-Martin, y obtint un estimable succès. — Procès avec les auteurs de *Caïus Gracchus* et du *Cardinal Voltaire*, pièces reçues, répétées, et défendues par autorité supérieure. — MM. Dartois et Desnoyers, voulant s'en référer au tribunal de commerce, la commission des auteurs dramatiques, alarmée des décisions ministérielles, prit un arrêté pour conclure à ce qu'à l'avenir aucun ouvrage nouveau ne pût être lu au Théâtre-Français, et décida qu'à l'égard des pièces déjà reçues, il ne serait passé outre pour aucune avant la signature d'un traité spécial. — Que firent les comédiens? Dans leur rage de procédure et de chicane, ils s'intentèrent des procès à eux-mêmes. Une partie des sociétaires essaya de plaider contre le Comité, qui s'abritait le mieux qu'il le pouvait sous la protection de la volonté du ministre, et le temps se passait ainsi à disputer.

Il était donc bien difficile de se livrer à de sérieuses études, et les nouveautés arrêtées par force majeure ne se produisaient qu'à de longs intervalles, et devenaient de très-curieuses raretés. *Le Mari de la Veuve*, avec M. Alex. Dumas pour éditeur responsable, parut à l'occasion du bénéfice de Mlle Dupont, qui venait d'accomplir 22 ans de service. Un dialogue rapide et spirituel plaida en faveur de cette bluette, bien soutenue par Monrose, Menjaud, MM^{lles} Mars et Anaïs. — *Le Duelliste*, de M. de Longpré, où l'on trouve de l'esprit, de l'élégance, mais de grandes invraisemblances et fort peu de goût, n'obtint pas un demi-succès, malgré Monrose et Beauvallet, qui jouaient les principaux rôles. — Au mois de septembre, *Clotilde*, de M. Frédéric Soulié, réalisa le second grand succès de l'année. Malgré des mœurs exceptionnelles, la pièce contenait des situations fortes, et les inspirations sublimes de Mlle Mars achevèrent ce que le mérite de l'ouvrage avait commencé. — Forcée par M. d'Argout, alors ministre du commerce et des travaux publics, avec les Beaux-Arts dans ses attributions, d'exploiter le théâtre de l'Odéon, la Comédie-Française, qui n'avait pu y compter qu'une soirée fructueuse le premier jour, les recettes étant descendues bien vite à 200 et 300 fr., voulut tenter une double épreuve. *Voltaire et Mme de Pompadour*, ce cardinal Voltaire, objet de tant de discussions, joué le même soir rue Richelieu et place de l'Odéon, réussit sur la première scène et tomba sur la seconde. C'étaient les mêmes acteurs : Menjaud, MM^{mes} Menjaud, Dupuis, et Perrier dans le rôle de Voltaire. Il en fut comme autrefois des jugemens divers de la cour et de la ville. Telle œuvre, qui avait plu à Fontainebleau ou à Versailles, n'arrivait à Paris que pour y faire une lourde chute, et la postérité a presque toujours confirmé les arrêts de la ville. Cette fois, c'est le parterre de l'Odéon qui a eu raison.

La représentation du *Roi s'Amuse* n'ayant été que le sujet d'un grand scandale, et la pièce ayant été mise à l'index dès le soir même, nous ne pouvons en constater l'apparition que pour mémoire. De tous les ouvrages de M. Victor Hugo, c'est peut-être celui qui renferme le plus de beautés scéniques. — Enfin, la chute honteuse d'*Henriette et Rémond*, pièce dans laquelle Mlle Mars avait un rôle, vint clore la série des nouveautés.

Il est vrai que, pour la plus grande facilité de leur mémoire, les comédiens préféraient à des rôles nouveaux péniblement établis la réproduction des pièces que la plupart d'entre eux avaient pu créer à l'Odéon. On reprit donc au Théâtre-Français *les Comédiens*, de M. Casimir Delavigne, ouvrage composé dans le temps contre les comédiens; et *les Vêpres Siciliennes*, tragédie refusée dans le principe par le même Théâtre-Français (1818). M. Casimir Delavigne, étant en grande faveur, avait le droit d'exiger beaucoup. — De l'Odéon, on s'appropria encore *l'Alcade de Molo-*

rido, de Picard; *Ma Place et ma Femme*, de M. Gustave de Wailly; *une Fête de Néron*, de M. Soumet : pas une de ces reprises ne fit de l'argent.

Quelques débuts insignifians eurent lieu : Mme Aurelle et Mme Martin, dans la tragédie, un allemand, M. Yermann, dans *Horace*, de Corneille; Mme Moralès, dans *Britannicus* et *les Jeux de l'Amour*; et Mlle Eliza Wenzel, dans *la Fille d'Honneur* et *le Secret du Ménage*. Une actrice dans l'emploi exclusivement tenu par Mlle Mante était indispensable; Mlle Wenzel avait assez de qualités pour le remplir : le Comité choisit Mlle Petit, qui ne la valait pas.

L'engagement de Bocage donna lieu à un singulier scandale. Une partie des comédiens français protesta contre cette décision du Comité, et Bocage n'en débuta pas moins dans *l'Ecole des Vieillards* et *Clotilde*. Ce dernier rôle seul lui fit honneur.

Mme Valmonzey, après deux ans d'une cruelle maladie, venait de rentrer dans *Marie Stuart*, et l'année s'achevait ; on la termina par la reprise des *Deux Pages*, avec Périer dans le rôle établi d'origine par Fleury, Samson, MM^mes Mante, Menjaud, et une débutante, Mlle Thierret, dans le page Théodore. C'était finir comme on avait commencé. Tout contribuait à hâter une désorganisation complète. L'absence des bons ouvrages, la retraite des anciens comédiens aimés du public, les idées nouvelles, l'indifférence générale, les procès, la chicane, la discorde intérieure, les volontés du Comité en sens inverse des idées et des vues du bureau des Beaux-Arts, l'accumulation de deux cent cinquante mille francs de dettes arriérées depuis deux ans, la rébellion des sociétaires contre le ministre, les transactions onéreuses avec des créanciers exigeans, c'était trop d'obstacles à la fois, et la Comédie n'avait plus qu'à céder devant la force des choses. Cependant, et en attendant sa reconstitution, dont on s'occupait déjà à la fin de 1832, nous la verrons lutter et se débattre, pendant près d'une année encore, et nous aurons à signaler les obstacles qui se présentèrent pour empêcher la dissolution de la Société, que la nécessité exigeait d'ailleurs impérieusement.

Pendant que les sociétaires déployaient un courage héroïque pour persévérer dans une voie mauvaise, et que la partie intelligente de la Comédie-Française aux abois luttait avec un talent et un mérite dignes d'un meilleur sort, la division des Beaux-Arts, dans ses bureaux, et l'opinion publique par la voie de la presse, travaillaient de concert à une reconstitution. Il fallait détruire d'abord pour réédifier ensuite. Il fallait dissoudre la société, et la recomposer sur de nouvelles bases, vierge des entraves, des abus existans, et surtout des médiocrités embarrassantes qui gênaient sa marche. Payer les dettes, liquider, renvoyer le mauvais pour garder le bon, tout cela, reconnu indispensable, était d'une difficulté d'exécution presque insurmontable. Sous un régime différent, et sous l'empire favorable d'un pouvoir absolu, ces questions-là se résolvent d'un trait de plume, et il n'avait fallu qu'un quart-d'heure au conquérant du monde, au milieu des horreurs de la guerre de Russie, pour dater de Moscou un décret qui donnait à la Comédie-Française des forces vitales en harmonie avec les conditions de l'époque. Souis Louis XIV, un règlement formulé entre la partie du roi, le sonnet récité d'un poète du jour, et l'anecdote embellie d'une chronique érotique, pouvaient paraître le lendemain sous la forme solennelle d'une lettre-patente, revêtue du grand sceau de l'État, et de ces quelques mots échappés à la bouche royale naissaient la troupe de Molière, l'Académie royale de Musique et les ballets fastueux du temps; toutes les grandes idées, enfin, ayant l'art pour objet et le plaisir pour but. Aujourd'hui que la solution de toutes les questions possibles ne dépend plus de la volonté d'un seul, mais de la pondération de tous les pouvoirs et du contrôle public, les choses sont beaucoup moins faciles, et si les projets grandioses s'exécutent, leur enfantement est plus laborieux.

Or, pour arriver à la reconstitution de la Comédie-Française, il fallait payer les dettes de la société, attendu la responsabilité du ministre, auquel était réservé la haute main dans les affaires de ce théâtre, et la distribution suprême des fonds de la subvention. Au commencement de 1833, ces dettes étaient énormes, et les créanciers satisfaits, restait l'obligation d'obtenir un crédit nécessaire à la formation d'au moins 100,000 fr. de rentes pour solder les pensions acquises par le fait seul de la dissolution, sans compter 180,000 francs environ de pensions dues et que l'on payait déjà.

En présence des événemens politiques du moment, la communication aux chambres d'un projet de loi concernant la Comédie-Française, l'élaboration publique d'articles constitutifs, discutés, débattus, défendus et expliqués, l'exposé des motifs à rédiger et à sanctionner des raisons existantes et légitimes, tout cela devenait presque impraticable. On faisait de beaux projets sur le papier, mais à part le travail spécial du bureau des Beaux-Arts, à part les discussions intelligentes de quelques écrivains éclairés, dans une partie de la presse, l'indifférence du plus grand nombre formait un obstacle moral invincible et plus sérieux cent fois que la question d'argent. Il ne manquait pas de gens, très-honorables d'ailleurs, qui se trouvaient très-disposés à s'informer de la nécessité de la Comédie-Française, et à demander pourquoi certains esprits paraissaient attacher un si haut prix à l'existence prospère de notre premier théâtre. Le moment opportun, pour tout dire, n'était pas venu encore, et, de plus, en éliminant par la pensée les difficultés matérielles de la dissolution, restaient les barrières, bien plus insurmontables, qui semblaient s'opposer à une renaissance efficace et douée de principes de vie solides et assurés. Où trouver des acteurs, des auteurs et un public? Ces trois élémens manquaient.

En attendant l'explication du problème, les sociétaires continuaient, avec la persévérance du désespoir, l'œuvre de leur lente agonie. On imagina de feuilleter les œuvres de Molière, et au lieu d'extraire les beautés peu connues de la foule, on en tira ce qui n'y existe pas, ou ce qui n'y est qu'à l'état d'imbroglio et de canevas primitif. *La Jalousie de Barbouillé* et *le Médecin volant,* farces assez grossières en elles-mêmes, piquèrent un soir ou deux la curiosité de quelques érudits et des éditeurs de Molière, mais n'émurent pas le public, qui persista à ne voir, avec raison, dans ces deux actes, que deux essais qu'il aurait mieux valu oublier, malgré le cachet du génie comique dont ils sont revêtus. — Procès avec M. Victor Hugo, puis avec l'auteur du *Sophiste*, le tout sans doute pour ne pas en perdre l'habitude. Le Théâtre-Français aurait dû jouer les *Plaideurs* tous les soirs, pour bien se pénétrer de sa situation. — Représentation de *Guido Reni*, de MM. Bouilly et Béraud, ouvrage honorable, comme conception et comme style. — Retraite de Mlle Duchesnois, la touchante interprète de Racine. La recette, ce soir-là, se monte à 10,000 francs. Quelques mois plus tard, l'Académie, émue d'une perte aussi cruelle pour l'art, écrivait et signait une pétition à M. Thiers, devenu ministre de l'intérieur, pour le prier d'employer son intervention afin de garder à la Comédie-Française Mlle Duchesnois, qui emportait avec elle la dernière expression de la belle et noble déclamation tragique. — Représentation du *Presbytère*, comédie en cinq actes et en vers, de M. Casimir Bonjour; de *Plus de peur que de mal*, petit acte de M. Auger, joué par autorité de justice; de *Clarisse*

Harlow, drame en cinq actes, du pseudonyme Dinaux, et que Mlle Mars ne put pas vivifier longtemps par l'intervention de son talent; de *Caïus Gracchus*, tragédie de M. Th. d'Artois, pièce à procès; de *Don Sanche d'Aragon*, de Corneille, arrangé, c'est-à-dire dénaturé et mutilé. Quand l'œuvre d'un maître ne semble plus admissible par l'esprit de notre temps, ou paraît trop faible à notre goût épuré, il vaudrait mieux ne pas la jouer que de l'habiller à la manière moderne. — *La Conspiration de Cellamarre*, drame de M. d'Epagny, déclin de la réputation de l'auteur.—Enfin, *les Enfans d'Edouard*, de M. Casimir Delavigne, un beau et légitime succès.

Tout contribuait à rendre ce succès fructueux et durable. Certaines allusions politiques, le tableau de M. Paul Delaroche, un intérêt de larmes et de douces émotions, de beaux et magnifiques vers, élégans et purs, un langage d'une correction exquise, le sujet, l'occasion, et une exécution supérieure due au talent de Ligier, Joanny, Menjaud, MM^{mes} Mars, Anaïs et Menjaud. On parlait bien de la vérité historique, des emprunts et des scènes rapportées et adoptées à l'œuvre nouvelle; mais la pièce était si habilement faite, et l'esprit public si bien disposé, que les discussions durent céder la place aux applaudissemens des spectateurs, aux tendres et suaves plaintes de la touchante Elisabeth, aux brillantes tirades de Tyrrhel, et aux grâces enfantines du gracieux duc d'York. A chaque représentation, des larmes abondantes coulaient de beaux yeux attendris, et quand les femmes pleurent et prennent une œuvre sous leur protection immédiate, la froide critique qui cherche à prouver qu'elles ont tort y perd sa peine et son temps. M. Casimir Delavigne était le type de ce personnage habile d'un certain vaudeville intitulé : *Arriver à propos*; c'etait l'homme des circonstances et des bonnes occasions ; il ne les faisait pas naître, il en profitait.

Les *Enfans d'Edouard* n'en étaient guère qu'à la troisième ou quatrième représentation, et la situation de la Comédie-Française était telle qu'il ne lui était plus possible d'attendre les bénéfices présumés du succès obtenu. D'ailleurs, ces bénéfices, en les supposant immenses, n'eussent pas comblé un déficit énorme. Près de *six cent mille francs de dettes*!... Quelques comédiens prononcèrent le mot terrible de fermeture, de faillite, et ce parti désespéré trouvait quelque écho, puisque l'Etat, en vertu du décret de Moscou, devenait liquidateur responsable, et qu'il valait autant fermer le théâtre que de continuer des travaux inutiles, les parts individuelles étant passées à l'état d'utopie, à l'état de rêve, sans espoir de réalité.

Un sociétaire eut le courage de sauver le Théâtre-Français de sa ruine, ce fut Desmousseaux. Muni d'une lettre, toute rédigée, et adressée au ministre, Desmousseaux, membre du Comité, vint proposer à ses camarades d'avoir recours à la haute intervention du pouvoir. La lettre contenait l'exposé de la situation et la demande formelle du Comité d'obtenir du ministre la permission de résilier les pouvoirs administratifs dont eux, sociétaires, étaient revêtus, sollicitant, en outre, la nomination d'un directeur investi des fonctions, dont le personnel de la Comédie déclinait, pour l'avenir, la responsabilité. Le Comité se réservait seulement un droit d'examen pour les affaires contentieuses qui ne manqueraient pas de se présenter. Il y eut bien, vis-à-vis d'une proposition aussi grave, quelque opposition; mais l'affaire pressait, et la lettre fut signée et adoptée à l'unanimité. Restait le choix d'un directeur. M. Jouslin de La Salle, régisseur du théâtre, et qui donnait toute garantie de capacité, fut proposé, agréé et nommé. Telle est l'histoire concise d'un fait qui devait opérer, dans le régime constitutif de la Comédie-Française, toute une révolution.

Nous espérons qu'on n'oubliera pas, dans le

récit que nous aurons à faire des années suivantes, que si le Théâtre-Français était arrivé enfin au système directorial, ce fut sur la demande même des sociétaires.

Tout ceci se passait au mois de juin 1833.

Le bénéfice du nouvel ordre de choses ne pouvait pas être évident le premier jour. Le directeur, avant de passer outre, devait épurer sa position, et par conséquent celle du théâtre, qui gardait dans ses cartons jusqu'à 112 ouvrages reçus, et dont quelques-uns remontaient jusqu'au Consulat. Des procès de toute nature demandaient, les uns un jugement, les autres une solution amiable : il fallait régler avec les créanciers ; enfin, il était urgent de composer un répertoire en raison de la rareté des bons ouvrages nouveaux. La Comédie-Française était abandonnée par les auteurs qu'il s'agissait d'y ramener. Le directeur songea donc à traiter avec MM. Casimir Delavigne, Scribe, Victor Hugo, Alex. Dumas, Alfred de Vigny, Empis, Mazères, Ancelot, Rosier, et, en attendant les bons résultats de ces premières démarches préliminaires, les travaux commencés continuèrent à recevoir leur exécution.

Aux *Enfans d'Edouard* succédèrent la *Mort de Figaro*, de M. Rosier. L'entreprise était hardie, elle demandait un homme d'infiniment d'esprit, et M. Rosier, dans ce sens, pouvait donner des garanties; mais Figaro, devenu un homme politique, ne plut que très-médiocrement. Il y a des types, d'ailleurs, qu'il est bien difficile de continuer, et Figaro est de ce nombre. A la troisième représentation, la recette était restée au-dessous des frais. — Le *Marquis de Rieux*, comédie de MM. d'Epagny et Dupin, insuccès. — L'*Alibi*, de M. Alex. de Longpré; c'était encore du Louis XV, de bonnes moqueries contre les financiers et les gens de robe, de la plaisanterie assez fine et un peu risquée. La pièce, confiée à Périer, David, Samson, Monrose, MM^{mes} Mantes et Brocard, réussit. Enfin, et après les insignifiantes reprises de l'*Avocat*, de l'*Acte de Naissance*, d'*Adélaïde Duguesclin*, et pour préluder à la restauration artistique et littéraire si désirée pour la Comédie, on avisa qu'il ne serait pas inutile de badigeonner un peu la salle, soin confié d'abord à M. Chenavard, et dont M. Fontaine resta chargé.

Au mois d'octobre, à la réouverture, l'espérance et le contentement rayonnaient sur tous les visages : 250,000 fr., largement accordés par M. Thiers sur les fonds dont il disposait pour les théâtres, une salle toute neuve, bien lavée, brossée, peinte et dorée sur tranches, et de grands projets en portefeuille ou dans les quelques têtes qui les élaboraient, le tout assaisonné ensemble, prédisait un avenir brillant. Rentrée de Firmin dans le *Tasse*, rentrée de Mlle Mars dans le *Misanthrope* et *Valérie*, soirée qui réalisa 5,000 fr. de recette, tels furent les spectacles de début.

Une ère nouvelle allait commencer, et, il faut le dire, parce que le fait est incontestable, une ère toute de prospérité et de réussite. Nous venons d'assister à une rapide décadence, et l'on a pu voir que, sous le régime des sociétaires, le Théâtre-Français en était arrivé à deux doigts de sa perte. Sous l'administration de MM. Jouslin de La Salle et Védel, nous retrouverons la Comédie-Française plus heureuse, plus riche qu'elle ne l'avait été jamais été, et, abstraction faite des hommes, nous prenons dès aujourd'hui la liberté d'en conclure que les chances favorables sont dues exclusivement au système directorial. A cette heure, supposez Mlle Rachel absente pour toujours du Théâtre-Français ; certainement la tragédie retomberait dans la nuit du passé. Eh bien ! le comité-directeur n'aurait certainement pas engagé Mlle Rachel ; mais n'anticipons pas sur les événemens.

DEUXIÈME PARTIE.

ADMINISTRATION DE M. JOUSLIN DE LA SALLE, DIRECTEUR.

1833—1837.

Bertrand et Raton ouvrait la marche d'une fort belle série de succès ; mais, par malheur, dès cette époque, de fâcheux précédens s'établirent, et ont obtenu peu à peu force de loi. Le personnel de la Comédie, appuyé du nouveau directeur, se présenta chez M. Scribe, et demanda la faveur d'une comédie quelle qu'elle fût. Il est vrai que la nécessité imposait au Théâtre-Français une ligne de conduite si peu en rapport avec sa propre dignité, et qui a été suivie de bien funestes conséquences. Pour ramener le public, il fallait exciter sa curiosité ; il devenait urgent de rafraîchir le répertoire de nouveautés importantes, et la difficulté était grande, eu égard à l'éloignement assez légitime de tous les auteurs d'élite.

Depuis que, grâce à Beaumarchais, les auteurs ne se considéraient plus comme les humbles serviteurs de MM. les comédiens ; depuis surtout qu'ils avaient pu mettre de l'accord et de l'ensemble à débattre et à soutenir les intérêts communs, on conçoit qu'il devait falloir plus que des promesses, plus que la donnée de chances plus ou moins favorables pour engager les principaux d'entre les écrivains dramatiques à livrer au Théâtre-Français des œuvres de longue haleine, et dont ils avaient bien le droit d'espérer un profit réel. De ce désir bien naturel de la part des auteurs, et qu'il était juste de satisfaire, que l'on soit arrivé, de concessions en concessions, jusqu'à des exigences onéreuses pour le théâtre, à cela rien qui soit fait pour étonner, ni pour surprendre, au train dont les affaires se traitent, et à la manière dont l'art est compris aujourd'hui. En 1834, rien de pareil encore à ce qui existe n'affligeait les amis de la haute littérature. La question était simplement de ramener les auteurs sur le chemin de la Comédie-Française, et pour être sûr de l'appui efficace de quelques écrivains influens, de leur donner des garanties que l'état misérable du théâtre ne leur fournissait plus depuis longtemps. De là, les traités préparés par M. Jouslin de La Salle ; de là, sa première démarche auprès de M. Scribe d'abord, lequel consentit à livrer une comédie en cinq actes, *Bertrand et Raton*.

Un grand succès couronna cette tentative. *Bertrand et Raton* restera comme le type du genre, et c'est dans cette pièce surtout que M. Scribe a pu se révéler tout entier. On comprit que, s'il ne fallait pas espérer de la part de l'auteur de larges développemens de caractère, de hautes leçons de morale, des situations franchement dramatiques, on pouvait du moins compter toujours sur de l'esprit, beaucoup d'esprit, mais rien que de l'esprit. C'est bien quelque chose assurément. Un portrait politique que le personnage de Bertrand de Rantzau avait, dit-on, la prétention d'esquisser augmenta encore la vogue de l'ouvrage. D'ailleurs, et grâce à son habileté infinie, grâce aussi à ce tact remarquable qu'il possède, M. Scribe avait pu confier à Samson ce même rôle de Bertrand de Rantzau, et Samson s'y montra d'un naturel exquis. Duparai, si vrai dans M. Raton, Mlle Dupuis, Firmin, Mlle Noblet, Régnier, qui se révéla ce soir là en criant *vive Jean!* d'une manière si charmante, tout contribua à un parfait ensemble ; et, résultat plus grave encore, *Bertrand et Raton* était le premier grand succès obtenu sans Mlle Mars! Double fortune du même coup.

C'était un heureux début pour le nouvel ordre

de choses. Les comédiens, d'ailleurs, aiment la nouveauté. Après tous les tracas des années précédentes, les sociétaires apprécièrent avec délices le repos qu'ils devaient à leur renoncement des travaux administratifs. Sans avoir à se préoccuper beaucoup des amours-propres blessés et des antipathies particulières, le directeur pouvait conclure les engagemens nécessaires pour compléter le personnel; la sécurité du moment commençait à donner de la confiance aux auteurs; les spectacles avaient déjà plus d'attraits, et le public revenait de plus en plus. C'était un horizon pur et limpide que des nuages chargés de discordes ne devaient pas tarder à obscurcir.

Un talent fin, délicat, rempli de bon ton et d'un goût charmant, Mlle Brohan, en un mot, venait d'être appelée à débuter à la Comédie-Française, scène qui convenait essentiellement à la distinction du talent de l'aimable transfuge du Vaudeville. L'engagement de Mlle Brohan était donc un acte de justice et une bonne opération. La débutante se montra d'abord dans Suzanne du *Mariage de Figaro*, et Madelon des *Précieuses ridicules*, et prouva par son tact parfait et son aisance que le grand répertoire lui était familier. De plus on annonçait un petit prodige, un jeune talent frais et précoce, une ingénuité de quinze ans que personne ne connaissait encore, et que l'on comparaît sans hésiter à Mlle Mars. L'annonce de cette merveille fit grand bruit, et ce fut bien pis encore quand on apprit que Mlle Plessy devait débuter dans une pièce nouvelle, jouée par Mlle Mars elle-même, événement qui se réalisa le 13 mars 1834, et qui remplit jusqu'aux combles la salle du Théâtre-Français.

Un ouvrage inédit, M. Scribe, auteur présumé, Mlle Mars et Mlle Plessy dans la même pièce, celle-ci protégée par celle-là, il n'en fallait pas tant pour exciter au plus haut point la curiosité générale, et si toutes les espérances ne se réalisèrent pas, du moins elles ne furent pas entièrement déçues. La *Passion secrète,* dont l'idée était bonne, et qui pouvait être la peinture excellente d'une ignoble passion d'argent, ne réussit qu'à moitié ; quelques situations inconvenantes, que ne rachetèrent pas complétement la scène principale du troisième acte, indisposèrent gravement les spectateurs, et l'ouvrage ne dut son salut qu'à l'habileté de l'auteur qui avait eu l'art de tenir le public en haleine pendant deux actes, et aussi à l'intelligence supérieure de Mlle Mars, qui sut éviter les écueils, à la grâce parfaite de Firmin, à Samson et Mlle Plessy elle-même, dont l'extrême jeunesse, dont la fraîcheur et le joli visage séduisaient les plus exigeans. Quelques habitués émérites protestèrent bien en silence contre le triomphe insolite décerné à la débutante, et eurent aussi la hardiesse de prédire que Mlle Plessy pourrait devenir une charmante comédienne, mais ne serait jamais une ingénuité ; mais on ne tint pas compte de tels discours, qui paraissaient injustes, et l'enthousiasme alla son train.

Nous voici arrivé au mois de mai de cette année 1834, et déjà la quiétude du nouveau directeur était troublée par d'étranges propos. Grâce à la subvention et aux recettes réalisées, le théâtre avait pu éteindre près de 400,000 francs de dettes, malgré l'exploitation onéreuse du théâtre de l'Odéon. Mais ces résultats obtenus n'empêchaient pas les mauvais vouloirs de surgir, les vieilles prétentions de se réveiller plus ardentes, et l'esprit tracassier du Comité de revenir à ses habitudes naturelles. Le danger passé, on pouvait parler sans craintes, et l'on ne se fit pas faute de mettre des entraves aux volontés directoriales. Des injustices criantes furent faites à Mlle Brohan, dont le talent ne pouvait pas s'utiliser. Deux partis se formèrent : le premier accusa M. Jouslin de La Salle de despotisme; le second ne comprit pas comment certains abus continuaient à exister malgré le directeur, qui aurait dû se faire un devoir d'imposer sa volonté ; et des deux parts on ne voulut pas se pénétrer de la situation véritable, qui était bien simple cependant. De qui le directeur tenait-il ses pouvoirs? du ministre, sans doute, mais du choix primitif des sociétaires, de leur volonté nettement formulée. Or, les pouvoirs étaient soumis à un contrôle, à l'examen de ceux même qui les avaient accordés, et pour la première fois on se pénétra de cette vérité cruelle, à savoir que le directeur du Théâtre-Français n'était pas un directeur réel, mais un mandataire de la société, devenue pour ainsi dire inattaquable, grâce à la responsabilité publique de M. Jouslin.

Cette découverte amena des discussions générales, et les journaux commencèrent à se préoccuper de la question.

Dans toute entreprise dramatique, s'écriait un critique influent, avec cette logique serrée et impitoyable qui caractérisait son éloquence, dans tout théâtre, il y a trois élémens à considérer : le répertoire existant, les comédiens, et la réception des pièces nouvelles. Or, la tragédie ne figure que pour mémoire sur le programme hebdomadaire de MM. les comédiens ordinaires ; et la comédie, bien que traitée plus favorablement que la tragédie, borne son répertoire aux pièces qui conviennent aux sociétaires, aux ouvrages qu'ils savent, aux études qu'ils ont faites, à la spécialité de leur talent particulier, soit même à leur prédilection personnelle.

La direction de M. Jouslin était donc une gérance bien plutôt qu'une direction véritable; M. Jouslin ne gouvernait pas, il administrait, et malgré cette autorité trop restreinte, d'immenses résultats avaient été obtenus. A quel degré de gloire et de puissance ne pourrait pas prétendre la Comédie-Française, confiée à une haute intelligence, soutenue par une autorité sans limite, et sans le contrôle des comédiens?

Or, les pouvoirs de M. Jouslin, comme plus tard ceux de M. Védel, étaient bornés, très-bornés. M. Jouslin avait-il le droit d'imposer la reprise d'un ouvrage tragique ou comique de l'ancien répertoire, et surtout de le distribuer comme il l'entendait, comme il devait lui paraître convenable? N'avait-il pas à prendre les conseils des sociétaires, qui s'emparaient des rôles, chacun de celui de son emploi, en vertu des règlemens, lesquels étaient en contradiction flagrante avec le système directorial? Un talent supérieur, non sociétaire, engagé par le directeur, ne pouvait-il pas, malgré le directeur, être relégué dans les rôles inférieurs, ou condamné à l'inaction?

Car telle était la conséquence rigoureuse, logique, et ce qu'il y a de pis, légale, de l'organisation du Théâtre-Français. L'opinion publique, qui s'était préoccupée de la destinée d'un monument littéraire aussi important, avait bien compris qu'avec les conditions nouvelles que notre époque lui a faites, il était urgent d'arriver à une reconstitution complète. Au lieu de la réorganisation radicale à laquelle il faudra bien arriver tôt ou tard, on s'était contenté de changer le personnel administrant, c'est-à-dire de substituer un directeur aux sociétaires, sans penser à faire cadrer les règlemens du théâtre avec le pouvoir dirigeant; de là, cette perpétuelle contradiction entre le droit du directeur et la faculté qui lui était donnée d'imposer sa volonté. Qu'un sociétaire, chef d'emploi, d'un talent médiocre, nuisît par sa présence à la représentation d'un ouvrage quel qu'il fût, le directeur n'avait pas l'autorité suffisante pour confier le même rôle à un artiste plus méritant, parce que les rôles du répertoire sont la propriété d'un sociétaire, sont les siens; monstrueux privilége, qui confère à des individus les richesses dramatiques de la France, au lieu d'en faire l'apanage d'une institution.

Ce n'est pas à dire pour cela que, dans notre pensée de régénération de la Comédie-Française, nous entendions supprimer la position des sociétaires. Non, il faut à des artistes, tout entiers voués à leur art, à l'étude des chefs-d'œuvre, une sécurité complète sur leurs intérêts matériels. Qu'on organise un bon système de pensions, et le but sera atteint.

Mais ce qu'il ne faudrait pas, ce serait d'assurer le titre de sociétaires à des nullités qui s'en font un prétexte éternel à l'impunité, un sociétaire n'étant plus justiciable ni du public, qui le repousse, ni de la critique, qui le nie. Ce qu'il ne faudrait pas, c'est le maintien ridicule des droits singuliers que les règlemens accordent aux sociétaires. Il n'y a pas de loi, quelque antique qu'elle puisse être, que le changement complet des mœurs ne puisse contraindre à réviser ; et, franchement, les comédiens de la rue Richelieu ne peuvent pas être placés au-dessus de la loi commune. Maintenez les avantages de la position assurée dans l'avenir, en tant que récompense méritée de longs et glorieux travaux ; mais supprimez les droits et priviléges qui font de la Comédie-Française une institution bâtarde, d'où le progrès, au prix des règlemens actuels, doit être à jamais banni.

Cette digression nous a éloigné du récit des faits. Nous reviendrons, en concluant, sur l'ensemble de toutes ces questions. Pour le moment, qu'il nous suffise d'établir que les directeurs, tenant leurs mandats des sociétaires, n'étaient que les gérans d'une société, et que cependant, malgré leur pouvoir si limité, ils ont pu donner un moment d'éclat incontestable au Théâtre-Français. A plus forte raison une administration souveraine aurait nécessairement pour elle toutes les chances de succès.

— Apparition, pour un soir, de Mlle Volnays, qui joue *la Mère coupable*, au bénéfice d'un artiste. — Engagement de Mme Dorval, et première représentation d'*Une Liaison*, comédie ou drame de MM. Mazères et Empis. Chute de la pièce, succès de l'actrice, qui, en vertu de son engagement, voulut poursuivre le cours de ses débuts.

Pour ce faire, les affiches du Théâtre-Français annoncèrent la première représentation de la reprise d'*Antony*. Grande colère du *Constitutionnel*, qui parla hautement et gravement d'ordre public, de morale outragée, de vices et de vertus. Le tout composait un entrefilets redoutable, qui fut le signal d'un véto cruel. La représentation d'*Antony* fut défendue, et les uns pensèrent que le Théâtre-Français avait dû céder à des considérations de convenance, les autres affirmèrent que le fait émanait d'un ordre ministériel. Mme Dorval, qui n'entrait pas dans ces raisons, ne se tint pas pour battue ; elle publia une lettre qui expliquait que son engagement contenait la clause formelle de jouer *Antony*, observant, du reste, qu'*Antony*, reçu aux Français, admis par la censure, joué cinquante fois à la Porte-Saint-Martin, trente fois à l'Odéon et une fois aux Italiens, n'était pas une œuvre nouvelle, et qu'il était facile d'en apprécier toute la portée. Quoi qu'il en pût être, d'ailleurs, l'affaire en resta là.

Une Aventure sous Charles IX, vaudeville de M. Frédéric Soulié, présenté au théâtre de la rue de Chartres, et qui suivit Mlle Brohan au Théâtre-Français, fut joué par Mlle Mars, au lieu et place de Mlle Brohan, et dut son succès à Mlle Mars d'abord, et à quelques situations comiques. — Reprise des *Deux Cousines*, de M. Casimir Bonjour; de *la Petite Ville*, des *Marionnettes*, de l'*Agiotage*, pièces de Picard ; de *la Mère et la Fille*, œuvre très-remarquable de M. Mazères, et dont on a beaucoup trop contesté le mérite. Mme Dorval fit de son rôle une création supérieure.

Les Scènes de la Fronde, drame de M. Maillan, *Mademoiselle de Montmorency*, de M. Rosier, dont le sujet fut, dit-on, proposé à l'auteur par les sociétaires, et qui était la seconde création de Mlle Plessy ; la reprise du *Dissipateur*, de Destouches, où Guiaud obtint un grand succès dans le rôle du vieil avare ; un *Charles IX*, encore de M. Rosier ; — *Lord Byron à Venise*, de M. Ancelot, ouvrage qui contenait de belles parties, mais que le sujet et le nom du héros principal écrasaient, et qui était joué par Ligier, Monrose, Mirecourt, MM^{mes} Noblet, Verneuil et Dorval, fort belle dans Marguerite Cogni ; l'*Ambitieux*, de M. Scribe, qui ne valait pas cet ambitieux de la Porte-Saint-Martin, appelé Richard d'Arlington, qui ne valait pas même un certain *Ambitieux* de Destouches, oublié au théâtre, mais qui fit remarquer Geffroy dans le rôle de lord Walpol ; — la reprise du *Bourru bienfaisant*, du *Mercure galant*, du *Père de Famille*, du *Festin de Pierre*, ouvrages qui servirent à faire remarquer que le talent de Perrier touchait à plusieurs spécialités : tel fut l'ensemble du répertoire pour l'année qui nous occupe.

Cette année fut encore remarquable à d'autres titres : 1° la Commission des auteurs dramatiques obtint de la subvention des primes pour les pièces nouvelles ; 2° un bureau spécial à l'examen des œuvres destinées aux théâtres fut rétabli ; 3° les artistes du Théâtre-Français reprirent sur leurs affiches le titre de *comédiens ordinaires du roi*. Qualification très-honorifique, s'écriait-on ; — peut-être, les sociétaires ne manquaient pas de prévoyance, et la suite prouvera qu'ils avaient raison.

Réparons un oubli ou deux. Un des premiers actes du Théâtre-Français avait été, en jetant les yeux sur le personnel de la Comédie, et après en avoir compris l'insuffisance, d'appeler à lui non-seulement les talens reconnus en dehors de la Comédie, et qui étaient aptes à en faire partie, mais encore de rallier, dans l'intérêt des traditions saines et du bon exemple, les vétérans du théâtre admis à la retraite, en vertu des règlemens, et qui avaient encore assez de jeunesse et de verve pour continuer un service actif. A ce titre, nous avons noté la rentrée de Firmin, auxiliaire précieux, dont Michelot aurait dû suivre l'exemple. Mais Michelot retiré ne voulut pas entendre parler de sa résurrection personnelle, et la Comédie perdit, sur son refus, le bénéfice d'un talent très-regretté. Les prétextes ou les occasions ne nous manqueront pas pour revenir sur cette question de la retraite des anciens acteurs de la Comédie-Française, et il nous sera facile de démontrer, avec des noms, que les lois et décrets du théâtre, ses actes constitutifs qui fixent à vingt ans la durée des parties actives de la société, sont devenus aujourd'hui essentiellement **vicieux et coupables. Maintenant qu'il y a disette** absolue de talens pour l'avenir, pour conserver le présent, si chétif qu'il puisse être, il ne serait pas impossible de modifier les usages reçus. On dirait vraiment que la Comédie-Française est une arche sainte, au-dessus des conditions du temps, des mœurs et des révolutions, et qu'il ne peut pas être permis d'y toucher. Un si profond respect ne peut que hâter sa ruine, et nous demandons instamment que le Gouvernement, dans sa sollicitude, la fasse jouir des priviléges de restauration dont il entoure avec tant de soin tous nos monumens historiques. Nous demandons que le Théâtre-Français, assimilé aux vieilles basiliques, soit repris (style d'architecture) depuis ses fondations jusqu'aux combles, plutôt que de le voir un beau soir s'écrouler.

En juillet 1834, la Comédie avait représenté *Heureuse comme une princesse*, vaudeville trèsagréable de MM. Ancelot et Laborie, et dans lequel Mlle Mars jouait. C'était notre second oubli.

Nous touchons à l'apogée de la direction de M. Jouslin. D'avril 1834 en 1835, le théâtre vit entrer dans sa caisse 429,000 fr...; d'avril 1835 au même mois 1836, il va réaliser 584,000 fr. Progrès notoire, bien dû au système intelligent et actif du directeur.

Ce système était bien simple : il conciliait tous les partis, et, par le fait seul de la satisfaction générale, il produisait de solides résultats. Les hommes d'avenir, la partie agissante de notre littérature, se donnaient rendez-vous à la représentation des œuvres de MM. Alfred de Vigny, Victor Hugo et Casimir Delavigne. Grâce aux bénéfices réalisés par les nouveautés en faveur, il devenait possible d'apporter un soin minutieux à l'exécution et à la mise en scène des œuvres classiques ; les salons de Molière étaient devenus propres et élégans ; parée de nouveaux atours, l'ancienne comédie avait repris un air de jeunesse qui lui allait à ravir. Au théâtre, les détails matériels ont de grandes conséquences morales, et nous avouons, pour notre part, que nous aimons l'appartement de Célimène richement meublé, rempli des visiteurs intimes de l'adorable coquette, eux étalant tout le luxe des habits de l'époque, elle parée comme une reine qu'elle était ; cette magnificence des vêtemens nous rappelle le grand siècle, le vers si naturel et si parfait de Molière nous semble plus naturel et plus parfait encore, et nous en saisissons mieux toutes les intentions.

Chatterton, de M. Alfred de Vigny, joué pour la première fois le 12 février 1835, commence la série des grands succès de cette année. *Chatterton* est une œuvre que toutes les intelligences d'élite ont aimée d'affection. On reprochait bien à l'auteur, et avec raison, la création de ce type malheureux, exemple funeste pour la jeunesse de l'époque, si disposée déjà à se déclarer malheureuse et incomprise ; de plus, l'orgueil irrité de Chatterton commandait peu la sympathie, mais on ne pouvait résister à l'adorable style de ce drame intime, à ce langage si pur, si harmonieux, si poétique ; d'ailleurs, Mme Dorval avait fait de Kitty Bell une création si angélique et si suave, elle y avait apporté tant de pudeur et tant de charmes, la sensibilité bienveillante et grondeuse de ce quaker à cheveux blancs était si paternelle, tous les détails de cet intérieur rempli de douleurs étaient si vrais, qu'il fallait malgré soi subir le charme répandu autour de cet ouvrage, remarquable à tant de titres. Tous les rôles étaient supérieurement joués. Geffroy, Mme Dorval, Joanny, Guiaud, Duparay, Mirecourt, contribuèrent à la victoire remportée par l'auteur, victoire qui était de celles qu'on ne remporte qu'une fois.

Ensuite vint *Angelo, tyran de Padoue*, joué le 28 avril, et que nous mettons bien au-dessous des premières tentatives dramatiques de son auteur. C'était l'introduction au Théâtre-Français du mélodrame pur sang, accompagné de tous ses accessoires : clefs de portes secrètes, souterrains, couloirs obscurs et ignorés, poignards, poison, conseil des Dix, assassins de Venise, madones, rien n'y manquait. Mais Mlle Mars, dans le rôle de la Tisbé, Mlle Mars transformée en courtisane amoureuse ; Mme Dorval, Catarina, en face de Mlle Mars, Mme Dorval, tendre et passionnée, ce spectacle attrayant et pénible tout à la fois, de ces deux puissances du théâtre se mesurant du regard, et luttant de verve, d'entrain et d'inspiration ; les deux écoles aux prises le même soir ; la diction pure et suave, le goût exquis de l'une des deux actrices, l'élan, la passion, le génie inspiré de l'autre ; certes, il y avait là les élémens d'une curiosité immense et que tout Paris littéraire voulait satisfaire. Les quatorze premières représentations d'*Angelo* produisirent 60,000 francs, et la recette de la quinzième montait encore à 4,000 francs.

Don Juan d'Autriche, de M. Casimir Delavigne, joué le 17 octobre, complète la série fort nombreuse des grands succès. Chef d'école, comme MM. Alfred de Vigny et Victor Hugo, mais d'une école plus riche par le nombre de ses adeptes, M. Casimir Delavigne étant surtout un homme de concessions, l'auteur de *l'Ecole des Vieillards* amenait à la représentation de ses œuvres nouvelles la foule très-nombreuse de ceux qui aimaient un style correct et élégant, une conversation agréable, exquise; les conditions matérielles de la scène, sagement et habilement remplies, et qui s'effrayaient avant tout des tentatives, des innovations et des caractères d'exception. D'ailleurs, *Don Juan d'Autriche* était le premier ouvrage en prose de M. Delavigne, ouvrage d'action et d'intrigue; c'était pour l'auteur presque un début. On sait le reste, et nous n'entreprendrons pas de revenir sur une pièce de très-longue haleine, remplie d'intérêt, de détails amusans, d'esprit, et que tout le monde connaît. Firmin, Samson, Régnier, Geffroy, le moinillon Anaïs, déployèrent chacun dans son rôle une habileté remarquable, et Mme Volnys, qui entrait au Théâtre-Français par le rôle de Dona Florinde, justifia l'excellente opinion qu'on s'était faite de son talent.

Maintenant, il nous faut un peu revenir sur nos pas, et reprendre la nomenclature des nouveautés moins importantes. *Richelieu* ou *la Journée des Dupes*, quelques-uns dirent la *Soirée* des Dupes, pièce de l'honorable M. Lemercier, oubliée depuis trente ans dans les cartons de la Comédie, imprimée depuis longtemps, et primitivement défendue par l'empereur, qui aima mieux, dit-on, indemniser le théâtre d'une somme de 80,000 fr. plutôt que de laisser jouer un ouvrage qui n'aurait certainement pas produit une aussi forte somme.— *Charlotte Brown*, petit acte fort agréable de Mme de Bawr, joué par Monrose avec un comique puissamment original. — *La Présentation*, de M. Alphonse François, comédie reçue par complaisance par MM. du Comité, complaisance dont le directeur se trouvait alors obligé de payer les frais. — *Jacques II*, de M. Emile Vanderburck. L'histoire de cette pièce fut un peu celle de la montagne qui accouche d'une souris. Le théâtre prévoyait une non-réussite, et l'auteur, convaincu de l'excellence de son œuvre, en appela au Tribunal de commerce, qui ordonna judiciairement la représentation, et à la Commission des auteurs, qui voulut imposer ses propres considérations. Il y eut bien encore une demande de 10,000 francs de dommages-intérêts, basée sur la lenteur qu'apportait le théâtre à l'exécution de ses obligations; mais la prétention, trouvée un peu forte, fut réprimée. La pièce se joua, et l'auteur, qui en avait appelé au public en répandant dans la salle une multitude d'imprimés, ne put pas obtenir un succès.— *Lavater*, drame en cinq actes, de MM. Rochefort et Brisset, legs malheureux des sociétaires à M. Jouslin. — Enfin, *Un Mariage raisonnable*, joli petit acte de M. Ancelot, à la manière de Marivaux, et dont les qualités gracieuses de Mlle Plessy, la rondeur de Périer, et le goût de Menjaud, consolidèrent le succès.

Mais, ce qu'il y eut de plus insolite, cette année-là, ce fut la réaction publique en faveur de l'ancien répertoire. Le but de M. Jouslin étant d'apporter une pondération parfaite entre les intérêts de l'art et les intérêts de la caisse, ceux-là étant la conséquence forcée et logique de ceux-ci; grâce à cette voie tracée d'avance et à ce but arrêté, la marche des choses prit cette unité qu'on ne rencontre guère que là où se fait sentir l'influence d'une volonté unique. Trente ouvrages dits classiques furent repris. Le public revint écouter *le Méchant, les Ménechmes, le Philosophe marié, l'Obstacle imprévu*, joué par Monrose et Samson, par Guiaud, Mme Desmousseaux, MM^{mes} Verneuil et Plessy; *Nanine*, remontée par Mlle Plessy, et dans laquelle Mme Desmousseaux joua la marquise d'Olban, comme elle ne l'avait jamais été à la Comédie-Française; *le Retour imprévu, le Mariage forcé*, de Molière, non représenté depuis quarante ans; *le Chevalier à la Mode*, par Menjaud, MM^{mes} Mante et Desmousseaux; *Eugénie*,

Turcaret, par Guiaud, MM^mes Mante et Dupont, et par Monrose et Samson, jouant Frontin alternativement, et qui réalisa, chose inouie, 1,200 fr. de recette pendant les chaleurs du mois d'août; *l'Etourdi* et *le Légataire universel*, par Monrose; *George Dandin*, *le Menteur*, et surtout *la Critique de l'Ecole des Femmes*, admirable *feuilleton* de Molière, qui avait au moins le mérite de défendre un chef-d'œuvre, où toutes les règles du goût et de l'art sont nettement et supérieurement posées, qu'on n'avait pas repris depuis son apparition première, et que les acteurs Charles Mangin, Monrose, Régnier, MM^mes Brocard, Mante et Dupont, interprétèrent avec intelligence. *La Critique* n'excita pas seulement la curiosité, elle fit recette.

Mlle Douglas, premier rôle, qui avait débuté dans *Marie Stuart*; Mme Saulay, soubrette, qui s'était essayée dans le *Tartufe* et le *Dissipateur*, n'avaient réalisé qu'une tentative. L'engagement de M. et Mme Volnys prouvait la volonté de rajeunir le personnel pour les emplois importans. Volnys parut d'abord dans le *Misanthrope*; puis ensuite dans les *Comédiens*, *Tom Jones*, *les Femmes savantes*; il fit preuve de qualité incontestables; mais ce qui, dans sa manière, avait plu sur la scène du Vaudeville, ne s'adaptait qu'imparfaitement au plus vaste cadre du Théâtre-Français, et ne remplissait pas toutes les conditions de rôles où il faut, avant tout, une diction facile, un organe flatteur, de l'aisance et de la dignité noble dans les gestes. Mme Volnys fut plus heureuse, elle se renferma dans la comédie de genre, dans les créations, où elle fit preuve d'une haute intelligence, et dont nous aurons à entretenir nos lecteurs, et rendit ainsi des services réels.

Cette année 1835 vit mourir Saint-Fal, retiré en 1824, décédé à 82 ans, et Baptiste aîné, retiré depuis 1827, et qui jouissait de 7,800 fr. de pension. Baptiste aîné avait été le professeur de Mme Desmousseaux, sa fille, de Mme Demerson, de Samson et de Cartigny.

Les recherches que nous avons faites ayant été très minutieuses, et pénétré comme nous le sommes de la nécessité de ne rien dire que d'exact, puisque le seul mérite d'une compilation aride c'est la vérité, nous voulons donc être vrai avant tout. Les dettes anciennes de la Comédie - Française s'acquittaient, et sans les réclamations importunes de quelques créanciers trop longtemps ajournés, de quelques auteurs reçus et non joués, la prospérité était réelle. Mais il est dans la nature de l'esprit inquiet des sociétaires de gâter et de compromettre les meilleures positions possibles, et nous allons entrer dans la période décroissante de la direction Jouslin.

Les recettes totales de l'année écoulée entre le mois d'avril 1835 et le mois d'avril 1836 s'étaient élevées à 585,000 fr., location de loges à l'année comprise. Les parts de sociétaires, pendant les neuf premiers mois, se réduisirent à zéro, et il n'y eut de distribution à opérer qu'en janvier, février et mars. La somme à partager était, en réalité, de 21,000 fr., mais à partager entre tous les sociétaires, c'est-à-dire que les revenus individuels valaient à peu près un millier de francs. Les sociétaires ont donc vécu sur les fonds de la subvention, qui était à cette époque, comme aujourd'hui, de 200,000 fr.

Donc, il n'est pas douteux qu'en l'absence de la subvention l'existence de la Comédie-Française est impossible ; donc, il est bien démontré que les sociétaires ne peuvent pas réaliser, livrés à leurs propres forces, même de quoi vivre. Et n'est-il pas très-remarquable que l'Etat qui paie, que l'Etat à qui le Théâtre-Français appartient en définitive, ne soit pas le maître chez lui? A tout ceci, MM. les comédiens ordinaires vous répondent : « En vertu de règlemens qui datent de Louis XIV et de Louis XV, la Comédie-Française est notre propriété; ces règlemens sont en opposition flagrante et ouverte avec la subvention ; cette subvention, c'est à nous qu'on doit l'appliquer, et qu'on la distribue en effet ; la situation est bonne, et nous tenons à en jouir le plus longtemps possible, et, en vertu de nos actes constitutifs, on n'y pourra rien changer. »

Voilà qui est admirable, et il s'agit de savoir, en effet, jusqu'à quelle époque pareille logique doit triompher. Franchement, c'est une bien singulière chose qu'une société.

Nous avons vu la Comédie aux abois, demander en 1833 à se placer sous la tutelle d'un directeur. Nous avons vu les résultats remarquables du système directorial même entravé par le droit d'examen du Comité. En 1836, la situation était acceptable ; aussi les sociétaires avaient-ils hâte d'en sortir. L'ingratitude et l'oubli, c'est assez la devise de toute société. Les intrigues tendant à ressaisir les pouvoirs délégués commencèrent avec activité, et nous en verrons bientôt les suites.

En attendant, et grâce à M. Jouslin, le répertoire rajeuni marchait avec éclat, appuyé d'un côté sur nos richesses classiques, de l'autre sur les œuvres nouvelles des auteurs contemporains; de jeunes talens étaient venus en aide aux talens vieillis de la comédie. En deux ans, le théâtre avait plus joué de pièces anciennes ou nouvelles qu'on ne l'avait fait en vingt années, et d'avril 1835 à 1836 particulièrement, les pièces classiques étaient entrées pour les trois quarts dans le répertoire courant. La Comédie-Française justifiait donc parfaitement et mieux que jamais son titre.

Perrier, qui depuis vingt ans jouait les premiers rôles et quelques-uns avec un véritable talent, crut bien faire d'adopter l'emploi des financiers. La présence de Volnys semblait l'autoriser à de nouvelles études, et l'âge commençait à lui interdire d'ailleurs certains personnages pour lesquelles Perrier n'avait plus assez de jeunesse. Il y avait aussi dans les allures de cet acteur une tendance à exceller dans quelques rôles dits de financiers; mais il y avait loin des quelques essais qu'il avait pu faire à l'adoption franche et complète d'un emploi de conditions si différentes. En effet, un premier rôle marqué devient ordinairement un père noble, et un comique suranné s'arroge assez volontiers du manteau d'un financier. Malgré cela, Perrier débuta dans l'*Avare* et Arnolphe de l'*Ecole des Femmes* (Arnolphe est-il véritablement un financier?). L'artiste, habitué à l'habit brodé du *Misanthrope*, se trouva très-mal à l'aise sous la vieille casaque de l'avare

Harpagon. D'un autre côté, la décision de Perrier apportait un grand trouble dans le vieux répertoire, qui ne vit qu'avec une bonne classification d'emplois. Le ministre intervint, et Perrier dut se priver à l'avenir de ses tentatives capricieuses. Or, les règlemens donnaient le droit à ce sociétaire de jouer ce qui lui plaisait, et le directeur n'avait pas le droit de s'y opposer.

Reprise de *Marino Faliero*, de M. Casimir Delavigne, avec Mme Volnys, dans le rôle créé à la Porte-Saint-Martin par Mme Dorval, et Beauvallet dans Israël Bertuccio. — Première représentation de *Lord Novart*, comédie en cinq actes, de M. Empis. Cette pièce dut son succès à l'habileté qui avait présidé à son arrangement; on y trouvait des caractères, mais le sujet, trop politique, était froid et incomplet. Mlle Anaïs, qui se fit particulièrement applaudir, Samson, MM^{mes} Desmousseaux, Dupont, M. et Mme Volnys jouaient les principaux rôles. — Reprise d'*Angelo* avec Mme Dorval la Tisbé, et Mme Volnys Catarina. — Le *Testament*, de M. Alexandre Duval, dernier ouvrage de cet auteur qui avait compté tant de succès. Tout le monde rend justice aux excellentes intentions comiques que cette pièce renfermait. La scène du testament lu par le testateur lui-même produisit un grand effet, et était digne de celui qui avait écrit les *Héritiers*. En somme, cette comédie manquait de tous les développemens nécessaires, et l'on apprit, non sans étonnement, que, primitivement en cinq actes, elle avait été réduite en trois actes, sur les exigences du Comité, qui avait refusé de la recevoir. Refuser une œuvre de M. Alexandre Duval, qui en était arrivé à son cinquantième ouvrage dramatique, qui avait pu compter au moins quinze grands succès à la Comédie-Française, qui avait fait gagner à ce même théâtre des sommes considérables, et que MM. les comédiens auraient dû entourer de respect ! En thèse générale, un auteur considérable qui a fait ses preuves ne devrait-il pas avoir pour seul juge le public ? En thèse particulière, un vieillard vénérable n'aurait-il pas dû être à l'abri des corrections du Comité?

— *Une famille au temps de Luther*, tragédie en un acte, de M. Casimir Delavigne, et en vers, comme on dit aujourd'hui fort incorrectement, une tragédie ne pouvant pas être en prose. C'était une dissertation biblique, philosophique et religieuse, jouée et bien jouée par Volnys, Samson, MM^mes Dorval et Plessy. Mme Dorval était remarquable dans le rôle de la vieille Técla; Samson, très-amusant par son sang-froid et ses réflexions comiques ; l'ouvrage eut du succès, mais n'ajouta rien à la réputation de l'auteur. — Un *Procès criminel*, de M. Rosier. Beaucoup d'esprit, de la gaîté, d'excellens traits de mœurs, Mlle Mars dans le principal rôle, mais assez de mauvais ton, surtout dans le choix des mots. Le *Boudoir*, petit acte spirituel, de MM. Louis Lurine et Solar. *Léonie*, tragédie de M. Delrieu. La représentation de cette pièce, reçue depuis fort longtemps, acquittait une dette envers un des doyens de la littérature dramatique. Reprise de la *Famille Lusigny* ; enfin succès, très-grand succès, de *Marie* ou *les Trois époques*, œuvre importante de Mme Ancelot, et dans laquelle Mlle Mars obtint un de ces triomphes qui suffisent à toute une existence d'artiste. Jeune, oui jeune, naïve, adorable de bon goût, de diction exquise, de sensibilité, de force dramatique ; c'était une admirable création, et le succès fut long et fructueux.

Les reprises de l'ancien répertoire continuaient avec activité : la *Comtesse d'Escarbagnas*, qui *fut sifflée* ; l'*Homme à bonnes Fortunes*, de Baron ; le *Philinte* de Molière, pour la rentrée de Colson ; *Abufar*, de Ducis ; le *Père de Famille*, de Diderot ; *Une Première Affaire*, de M. Merville, et du répertoire de l'Odéon ; *Gabrielle de Vergy*, les *Dehors trompeurs*, le *Conteur*, de Picard ; le *Philosophe sans le savoir*, les *Originaux*, la *Femme juge et partie, Sganarelle, Mélanie,* de Laharpe, et *Nicomède,* tragédie de Corneille, où Ligier se fit applaudir avec raison.

Mlle Rose Dupuis, après vingt-cinq ans de service, donna sa représentation de retraite, qui se composait de là *Coquette corrigée* et du *Bourgeois Gentilhomme* avec la cérémonie. Mlle Dupuis était une des dernières expressions de la haute comédie ; c'était un reflet un peu pâle de Mlle Contat, et avec le goût excellent dont elle était douée, placée au second rang qu'elle avait adopté, Mlle Dupuis avait su se faire remarquer souvent dans le premier. Elle fut sincèrement regrettée.

Mort de Mlle Duchesnois.

Cette année a été remarquable par les discussions publiques auxquelles donna lieu la subvention nouvellement accordée au Théâtre-Français par la Chambre des députés. De grandes clameurs se firent entendre contre l'envahissement de la nouvelle école; mais le moment était mal choisi. Sans contredit, si la nouvelle école a fait réaliser de belles recettes, elle a fait peut-être à la Comédie-Française plus de mal que de bien. La nouvelle école, qui a besoin de secours pour compléter ses succès, a débuté par ruiner le théâtre en faais de costumes et de décorations. Demandez à M. le baron Taylor, qui, avant 1830, avait obtenu de M. Sosthènes de Larochefoucault la permission de confectionner des toiles peintes et des habits pour une somme énorme. Il est vrai encore que, pour établir convenablement des triomphes, un chef célèbre de l'école dite romantique, demandant le nombre des places comprises dans la salle du Théâtre-Français, et ayant obtenu pour réponse : « Le théâtre contient à peu près dix-sept cents places, » exigea, pendant les cinq ou six premières représentations de son œuvre, dix-sept cents billets ou stalles numérotées. Mais en 1836, à l'époque où nous sommes arrivés, la réaction classique était évidente, le théâtre soignait particulièrement l'ancien répertoire, et d'ailleurs les œuvres nouvelles qui doivent avoir droit de bourgeoisie dans le domaine de la Comédie-Française produisaient, en définitive, d'excellens résultats d'argent.

Une discussion assez mordante s'éleva entre M. Viennet, représentant des vieilles doctrines, et M. Alexandre Dumas. Des deux côtés, on dépensa beaucoup d'esprit. M. Alexandre Dumas, qui n'a jamais voulu se contenter d'être auteur dramatique, et qui aimait déjà se constituer juge et partie, rédigeait dans l'*Impartial* d'abord, ensuite dans la *Presse*, des feuilletons sur le Théâtre-Français. C'est à cette époque qu'il analysait avec un talent remarquable le talent de ses confrères, de M. Alexandre Duval, de M. Casimir Delavigne, de M. Delrieu, etc., et à propos du *Testament* de M. Duval, et en constatant les succès obtenus par cet auteur, succès largement payés par les tribulations de la noble profession des lettres, M. Alexandre Dumas écrivait : « Peut-être un jour essaierons-nous de montrer SUR LA SCÈNE le côté inconnu de NOTRE VIE, peut-être extrairons-nous le fiel de cette boisson emmiellée que nous avons, comme un autre, portée à nos lèvres. »—Assurément, ce drame encore à faire serait curieux à bien des titres. — Plus loin, dans un autre feuilleton de M. A. Dumas, nous lisons ceci : « Le malheur de notre position, comme journaliste, est de nous trouver, malgré nous, toujours mêlé dans la discussion comme auteur... mais par cela seul qu'on a combattu, on n'a pas renoncé à écrire l'histoire du combat.—Sans doute, c'est un droit qui existe ; mais cette relation peut-elle être bien exacte? et les combattans qui prennent à une bataille une part active jugent-ils aussi bien de la portée de leurs efforts que l'observateur placé à distance, et désintéressé dans la question ?

Le grand succès de *la Camaraderie*, de M. Scribe, précédé de la représentation d'un petit acte de M. Merville, et intitulé *le Maréchal de l'Em-*

pire, devait être le dernier fait saillant de l'administration de M. Jouslin. C'était finir par un nouveau et éclatant service rendu à la Comédie, puisque, malgré les controverses littéraires, et à cause même des discussions animées auxquelles le nouveau *Chef-d'OEuvre* de M. Scribe donna lieu, *la Camaraderie* réalisa de belles recettes, et contribua à alimenter la faveur publique. — Tout se réunissait d'ailleurs pour augmenter ce succès. Quelques personnes se rappelèrent avoir lu dans la *Revue de Paris*, quelques années auparavant, un article très-remarquable de M. Delatouche sur la camaraderie littéraire ; c'était une critique fine, mordante, spirituelle, une raillerie charmante formulée par un écrivain d'un goût aimable et distingué, sur une des causes ordinaires du plus grand nombre des réputations promptes et faciles. M. Delatouche ne condamnait pas un mal, il signalait un fait, avec une causticité si tranquille que les rieurs se rangèrent de son côté. On pensa donc que cet article avait pu fournir à M. Scribe la pensée de sa comédie nouvelle. D'autres se contentèrent de renvoyer M. Scribe à son joli vaudeville *le Charlatanisme*, et l'accusèrent d'avoir arrangé en cinq actes le sujet qu'il avait si bien réussi à traiter une première fois dans un cadre si restreint. Le titre même de la pièce du

Théâtre-Français devint l'objet de discussions vives ; on en contesta l'origine, et M. Scribe, académicien de fraîche date, fut accusé d'avoir commis une faute de français. La politique aussi se mêla de l'affaire, et la célébrité de l'ouvrage nouveau fut complète.

Rarement aussi le Théâtre-Français avait apporté plus de soin dans la distribution des rôles et dans la mise en scène. *La Camaraderie* fut jouée supérieurement. Samson, Menjaud, Monrose, MM^{es} Anaïs et Plessy, et surtout Mme Volnys, obtinrent un triomphe mérité.

Ici notre tâche pourrait être pénible, mais il n'entre pas dans notre pensée d'entretenir nos lecteurs de faits qui ne sont plus du domaine de la publicité. Qu'il nous suffise de rappeler qu'à cette époque, février 1837, on parla beaucoup de billets vendus, et d'un certain trafic dont l'autorité compétente eut à examiner la valeur et la portée. La conséquence logique et inévitable de cette triste affaire fut la démission de M. Jouslin.

Nous ne suivrons pas les sociétaires pendant leur très-courte administration. Le petit nombre d'actes dont ils se rendirent coupables eut des conséquences que nous retrouverons plus tard, et dont nous renverrons les causes à leurs auteurs, toujours pour rendre… à César ce qui n'appartient en réalité…. qu'aux sociétaires du Théâtre-Français. M. Taylor, commissaire-royal, qui avait bien pu se faire de cette position si honorable un marchepied pour sa fortune, mais qui n'avait jamais pu en accepter et en remplir sérieusement les fonctions, M. Taylor était absent. On pensa à faire remplir l'intérim par M. Cavé; c'était un peu tard pour y songer, mais les circonstances étaient graves. Deux candidats sérieux se présentaient pour recueillir la succession de M. Taylor, M. Laville de Miremont, écrivain dramatique d'un mérite réel, et M. Védel, caissier depuis vingt ans de la Comédie-Française, homme spécial, comptable habile, d'une haute probité, et qui connaissait parfaitement la situation véritable du théâtre. M. Védel réunit tous les suffrages ; présenté à l'unanimité par les comédiens-sociétaires, sa nomination reçut la sanction ministérielle au mois de mars 1837, et, fort heureusement pour la Comédie-Française, le système directorial prévalut encore une fois.

Car, et vraiment nous ne le répéterons jamais assez, les sociétaires n'ont jamais considéré leurs directeurs que comme un moyen de se délivrer de situations embarrassantes, de payer les dettes contractées sous le régime de la gestion personnelle du Comité, de se tirer enfin des mauvais pas. Cette conviction n'est pas seulement la nôtre, elle s'appuie sur des faits et des autorités fort graves, et M. Dumon, rapporteur du budget des Beaux-Arts, en cette même année 1837, s'écriait à la Chambre des députés : « Il demeure de plus en plus établi que la Société du Théâtre-Français garde la prétention d'exploiter le théâtre pour son compte dans les temps de prospérité, et pour le compte de l'État, dans les temps de décadence. » Ce n'est que trop vrai.

Des 4 à 500,000 fr. de dettes existant en 1833, il ne restait plus, au moment de l'entrée en fonctions de M. Védel, qu'un arriéré de 80 à 90,000 fr., quelques obstacles de pièces reçues et qu'il fallait jouer par autorité de justice, un personnel beaucoup trop nombreux ou inutile pour le service du théâtre, et la conséquence des faits et gestes de MM. du Comité pendant l'interrègne d'un mois à six semaines, qui séparent les deux directions. A l'œuvre, nous verrons que M. Védel devait justifier le choix que le ministre avait cru devoir faire de son intelligence et de sa capacité.

La reprise des *Deux Gendres*, de M. Etienne, de *la Belle-Mère et le Gendre*, de M. Samson, appartient à l'histoire de l'interrègne. Passons aux faits de la direction.

Le premier soin de M. Védel fut de renouveler l'engagement de Mlle Mars, dont les prétentions augmentaient avec le temps. Mais le talent de Mlle Mars était une exception telle; il était si précieux pour l'art de conserver au théâtre un si admirable modèle, tant qu'il consentirait à y rester, que M. Védel avait raison de ne pas lésiner sur les conditions du traité à conclure, lequel se ratifia à raison de 3,000 fr. par mois, 150 fr. de feux par chaque représentation, et deux mois de congé. On a payé plus cher des espérances seulement; et Mlle Mars était un modèle, elle ne devait pas être un obstacle, ce que M. Védel, du reste, avait bien compris. Une lettre signée de quatorze auteurs dramatiques parut sur ces entrefaites; le moment ayant été jugé opportun, ces Messieurs demandaient la rentrée de Michelot; mais comme il n'y avait pas urgence, l'affaire en resta là.

Une grande préoccupation des esprits sérieux, à cette époque, était la restauration de la tragédie classique. On comprenait déjà qu'il fallait à un genre usé et vieilli d'intelligens et vigoureux interprètes, et qu'une exécution rajeunie pourrait ramener le public à l'audition de tant de chefs-d'œuvre oubliés. Comme on peut s'en convaincre, le terrain se préparait à l'avance, et la réaction attribuée plus tard, exclusivement, à une très-jeune et très-remarquable actrice, était déjà dans la pensée du plus grand nombre. Seulement les interprètes manquaient. Ce symptôme de réaction était tel, d'ailleurs, qu'un moment il fut question de faire faire, aux frais de l'État, de fortes et salutaires études à Mlle Théodorine, actrice de l'Ambigu-Comique, dont les allures physiques et les heureuses dispositions semblaient promettre une belle reine tragique. Le projet n'eut pas de suites, et Mlle Théodorine, devenue Mme Mélingue, continua ses excursions mélodramatiques à l'Ambigu-Comique et à la Gaîté.

Première représentation de *la Vieillesse d'un grand Roi*, de MM. Lockroy et Arnould. — L'ouvrage ne manquait pas de mérite; Mlle Mars y avait un rôle, la mise en scène était fort riche; Volnys, en Louis XIV, avait un habit magnifique, et tout cela n'empêcha pas la tristesse des représentations. Le spectacle des infirmités morales d'un aussi grande puissance était pénible à voir et à entendre, et le succès de la pièce s'en ressentit. — *Le Bouquet du Bal*, romance en un acte de M. Charles Desnoyers. — Reprise du *Charles VII*, de M. Alexandre Dumas, drame à l'Odéon, devenu tragédie au Théâtre-Français. — Apparition de *Julie*, ou *une Séparation*, de M.

Empis, comédie larmoyante, qui valait mieux, peut-être, que *Lord Novart* du même auteur, mais dont la réussite n'eut point un grand éclat : Volnys, Samson, Monrose, MM^mes Plessy, Desmousseaux, remplissaient les principaux rôles.

— *Les Droits de la Femme*, petit acte fort spirituel, de M. Théodore Muret, et que Mlle Dupont fit fort bien valoir. Tout cela nous a conduit jusqu'à la solennité fort remarquable de la représentation de Versailles, le 10 juin 1837.

Cette représentation, qui fera époque dans les annales du Théâtre-Français, se composait, en ce qui concernait du moins la Comédie-Française, du chef-d'œuvre de Molière, *le Misanthrope*, avec les costumes du temps. Ces costumes, fort riches, qui avaient coûté une vingtaine de mille francs, qui avaient été donnés par la liste civile au Théâtre-Français, et non pas aux comédiens jouant dans la pièce (il y eut contestation à ce sujet), dataient plutôt de la Fronde, de la minorité, que du siècle même du grand roi. La représentation eut lieu sur le théâtre du palais de Versailles, et ceux qui y ont assisté en garderont le souvenir. Nous donnons ici la distribution des rôles, puisqu'il s'agit pour la Comédie-Française d'un fait historique : *Alceste*, Perrier; *Philinte*, Provost; *Oronte*, Samson; *Acaste*, Firmin; *Clitandre*,

Menjaud ; *Dubois*, Monrose; *Garde des Maréchaux*, Regnier ; *Basque*, Arm. Dailly ; *Célimène*, Mlle Mars ; *Eliante*, Mlle Plessy ; *Arsinoé*, Mlle Mante.

De plus, dans un intermède de M. Scribe, figuraient :

Molière, représenté par Ch. Mangin, suivi des acteurs du *Misanthrope*.

Corneille, représenté par Geffroy, suivi des acteurs du *Cid* : MM. Colson, David, Auguste, St-Aulaire, Mirecourt, MM^{mes} Noblet et Thénard.

Et *Racine*, représenté par Volnys, suivi des acteurs d'*Athalie* : MM. Joanny, Beauvallet, Matis, MM^{mes} Paradol, Tousez, Brocard, Anaïs, Volnys, Dupont.

Quelques jours après, le *Misanthrope*, repris au Théâtre-Français, avec les mêmes costumes et la même distribution de rôles, réalisa quelques recettes en attendant les nouveautés.

TROISIÈME PARTIE.

ADMINISTRATION DE M. VÉDEL, DIRECTEUR.

1837 — 1840.

EXPLOITATION DE L'ODÉON. — ENGAGEMENT ET DÉBUTS DE Mlle RACHEL.

Cette première année de la gestion de M. Védel devait être très-pénible, et les obstacles de toute nature semblaient surgir de tous les côtés. C'était comme une compensation de la nomination rapide du nouveau directeur, et il est dans l'ordre habituel des choses ordinaires de la vie d'avoir à expier toujours, par de certains déboires ou des tracasseries inopportunes, la chance heureuse d'un premier pas réalisé.

Remarquez qu'un directeur du Théâtre-Français n'avait pas seulement à se préoccuper de la bonne volonté de MM. les comédiens sociétaires, de la sanction ministérielle; il lui fallait encore offrir des gages à la littérature contemporaine, plaire à de hautes influences, réunir dans le monde, même politique, des sympathies et des appuis, intéresser à sa cause le plus grand nombre d'opinions possible. Il en est ainsi, du reste, de toutes les positions qui sont appelées à présider à une multitude d'intérêts de toute nature, à une foule de destinées contraires. Le pis de l'affaire, en définitive, était que la direction du Théâtre-Français ne pouvait pas être un pouvoir sérieux.

M. Delaville de Mirmont, dont le nom avait été mis en avant, bien plutôt par ses amis que par lui-même, n'était pas le seul adversaire mis en opposition à la candidature de M. Védel. Très-réservé dans ses manières, très-noble et très-digne, M. Delaville n'a jamais pu se décider à se mettre sur les rangs pour l'Académie française, bien que, plus d'une fois, il en ait été vivement sollicité par ces messieurs de l'Institut. Un postulant, dont on a beaucoup moins parlé, et qui se présentait soutenu par tout un parti littéraire et politique, c'était M. Lautour-Mézeray, candidat de la *Presse*, chaudement recommandé par un protecteur habile, M. Emile de Girardin, et qui aurait peut-être réussi à faire écarter M. Védel, protégé par le *Journal des Débats*, si M. Védel n'avait pas été l'élu des sociétaires du Théâtre-Français.

Du reste, il est bon que l'on sache comment et pourquoi les sociétaires, qui avaient saisi avec joie l'occasion qui s'était présentée de renverser leur premier directeur, ont pu consentir une seconde fois à déléguer leurs pouvoirs administratifs, pouvoirs dont ils se montrent toujours si jaloux, quand la fortune leur sourit, du moins.

M. Jouslin n'avait pas encore donné sa démission officielle. A la direction des Beaux-Arts, M. Cavé avait fait entendre aux comédiens qu'en raison de la gravité des circonstances, il était à craindre que le Théâtre-Français ne fût bientôt placé dans les conditions communes qui régissent l'Académie royale et l'Opéra-Comique, c'est-à-dire confié aux chances d'une exploitation ordinaire; qu'en conséquence, il y avait urgence à présenter un candidat sérieux avant que ce projet eût pu recevoir un commencement d'exécution. — Justement effrayés, les sociétaires s'adressèrent à M. Védel; ils connaissaient parfaitement les garanties d'intelligence et de moralité que M. Védel pouvait leur offrir; ils le proposèrent dès le lendemain. Ce jour-là, la question avait changé de face; on conseillait aux comédiens de la rue Richelieu de ne mettre aucun nom en avant, pour le moment, du moins, et surtout de ne rien ébruiter encore. Dans la journée, réunion générale, présidée par M. Cavé, commissaire royal par intérim, en l'absence de M. Taylor. L'assemblée était nombreuse, complète; tous les sociétaires, au nombre de vingt-quatre, étaient présens. La séance est ouverte, et une première proposition, tendant à sanctionner la retraite de M. Jouslin, est mise aux voix et adoptée à l'unanimité. — La seconde proposition : Les comédiens français entendent-ils continuer à être régis d'après le système directorial ? — Second tour de scrutin, réponse : Oui. — *A l'unanimité*, les comédiens *réclament et adoptent le système directorial*.

La réunion paraissait close, quand un orateur se lève (c'était Beauvallet), et dit, avec l'organe accentué qu'on lui connaît, et le sans-façon qui le caractérise : « Alors, nous n'avons plus qu'à nommer notre directeur. Je propose Védél! » (Rumeurs et chuchottemens dans tous les sens.) — La troisième proposition, ayant pour but la nomination de M. Védel aux fonctions de directeur, est mise aux voix et *adoptée à l'unanimité*. — Certes, dans une réunion d'artistes, ceci soit dit sans faire injure à leur caractère, pareil accord était insolite ; il était aussi très-honorable pour l'homme qui en était l'objet ; et, devant cette généralité absolue de suffrages, M. de Gasparin, alors ministre, ne crut pas devoir résister. M. Védel fut donc nommé.

Nous sommes entrés dans ces minutieux détails pour établir ces deux faits, à savoir : que le système directorial a été une seconde fois sollicité par les sociétaires, et que si M. Védel a été nommé, il n'a dû sa position qu'à l'unanimité des sociétaires. Ces deux points établis, nous en pourrons déduire un petit exposé assez piquant de motifs pour les événemens que nous aurons à raconter par la suite, et nous en tirerons cette conséquence que si les sociétaires brillent par de certaines qualités, la logique, dans tous les cas, n'est pas leur côté fort, pas plus que la persévérance dans les opinions.

Il y avait urgence à exhiber des nouveautés. Le *Misanthrope*, enrichi de velours, de satin et de broderies, était tombé à 800 fr. de recette, et Mlle Mars, dans deux pièces, ne réalisait plus guère que 13 à 1,500 fr.

Le succès de *Marie* devait amener des copies, des calques, des imitations du rôle si heureux de Mlle Mars. *Claire, ou la Préférence d'une mère*, comédie composée encore pour Mlle Mars, n'avait rien des qualités mordantes, de l'esprit habituel de M. Rozier. — Le *Chef-d'œuvre inconnu*, de M. Charles Lafont, ouvrage écrit avec chaleur, avec sentiment, avec noblesse, était la personnification des tortures et des angoisses de l'artiste méconnu. Plus généreux, plus méritant et plus digne, le héros de M. Charles Lafont intéresse davantage et se fait aimer. Firmin y avait mis toute son élégance et toute sa verve. Mlle Anaïs et Joanny contribuèrent au succès.

Le *Château de ma nièce*, de Mme Ancelot, était une ravissante comédie tout empreinte de la grâce et de l'esprit de Marivaux; le succès fut complet; cet ouvrage était exécuté avec un talent remarquable par Mlle Mars, qui y jouait un rôle *marqué* (elle avait trente ans), et qui avait consenti à mettre de la poudre, toilette rarement adoptée par la grande artiste. Menjaud luttait avec elle de fraîcheur et de suavité d'organe, et cette causerie, entre gens de bonne compagnie, fut écoutée en raison de son irrésistible attrait et du charme qu'y apportaient deux interlocuteurs délicieux.

La *Marquise de Senneterre*, de MM. Duveyrier et Mélesville, fut très-heureuse. L'étrangeté de la présence de Marion Delorme sur la scène Française, cette célèbre Marion, personnage principal, luttant d'intrigues et de combinaisons amoureuses avec cette vertueuse marquise, qui était venue lui demander des leçons, et qui finit par lui en donner; le jeu de Firmin, de Menjaud, de Samson, de MM^mes Volnys et Plessy, tout cela, bien que ne constituant pas un bon ouvrage, suffisait pour exciter la curiosité et faire de l'argent; ce qui arriva.

Deux reprises, *la Jeunesse de Richelieu* et *le Distrait* eurent un sort bien différent. *Le Lovelace Français*, composé par M. Alexandre Duval, aux débuts de sa carrière d'auteur, et que Monvel avait cru devoir prendre sous sa protection, ce duc de Richelieu, assez faussement représenté comme portrait historique, était cependant de nature à intéresser vivement les vieux amateurs du théâtre, qui n'avaient pas vu jouer l'ouvrage depuis longtemps. Volnys, qui n'avait pas vécu avec les grands seigneurs et qui ne pouvait pas en copier les manières, manqua, dans le rôle de Richelieu, de ces grands airs, de ce brillant dont les acteurs de l'ancienne comédie ont emporté le secret avec eux. Mme Volnys se tira de Mme Michelin en comédienne habile; Mlle Mante et Mme Desmousseaux se firent applaudir. — *Le Distrait* de Regnard fut plus heureux. Menjaud, Perrier, qui était excellent, Samson et Mme Desmousseaux, s'y montrèrent très-habiles comédiens.

Nous placerons ici la représentation des *Indépendans*, de M. Scribe, ouvrage fait à la hâte, demandé à l'auteur pour parer à la pénurie du moment, et aux contrariétés suscitées par une foule de dispositions contraires. M. Scribe ne se le fit pas dire deux fois, et livra la pièce, qui passa avant bien d'autres un peu plus pressées qu'elle, et qui, au bout du compte, n'obtint qu'un de ces succès vulgaires auxquels M. Scribe doit être trop habitué.

Depuis longtemps il n'y avait pas eu de débuts importans à la Comédie-Française. Nous avons bien enregistré à leurs dates quelques apparitions insignifiantes; on ne se souvenait guère que des essais de Mlle Rabut, de Mme Baptiste, de Mlle Abit, de MM. Leroy et Brévanne, mais rien de tout cela n'avait eu de suite. Les débuts de Rey, premier rôle, occupèrent donc l'attention. Rey était jeune et plein de bon vouloir; il joua *Tartufe, le Misanthrope* et *l'Ecole des Vieillards*. Trop inexpérimenté encore pour supporter le fardeau d'une si grande responsabilité, le débutant fit preuve du moins de qualités essentielles qui parlaient en faveur de son avenir. Il y eut aussi Mlle Antheaume dans l'emploi des soubrettes. Pour achever de régler nos comptes arriérés, disons que Mme Menjaud s'était retirée l'année précédente, et qu'en revanche, Mlle Plessy avait été reçue sociétaire ; même faveur fut accordée à Provost, au mois de décembre 1837.

Mort de Mlle Volnais et de Mme Mars aînée. Translation des cendres de Mlle Clairon au cimetière du Père-Lachaise. Recherches de M. Beffara touchant l'extrait de naissance de la perle de la comédie, de Mlle Mars, la délicieuse Sylvia et la brillante Célimène. M. Beffara, impitoyable savant et d'une curiosité excessive, avait été chercher, lui seul sait où, et il nous a dit que c'était dans les registres de Saint-Germain-l'Auxerrois, de vieux parchemins bien poudreux qui constataient que Mlle Mars était née le 9 février 1779. Pour ceux qui applaudissaient tous les jours l'adorable actrice, l'indiscrétion était inutile.

Autant qu'il nous l'a été possible, nous avons déblayé le terrain devant nos pas. Nous avons maintenant à nous reconnaître au milieu des procès de toutes sortes, tombant comme de la grêle sur le dos de M. Védel, qui était bien obligé de se débrouiller le mieux qu'il pouvait, et d'accepter toutes les conséquences d'actes qui n'étaient pas les siens. Viendront ensuite l'ouverture de l'Odéon et la représentation de *Caligula*, de célèbre mémoire, chapitre à part de l'histoire de la Comédie-Française, et qui n'est pas le moins curieux.

Le grand nombre de traités passés avec quelques auteurs, à différentes époques, et dont les termes obligatoires se contrariaient mutuellement, avait eu pour conséquence forcée et naturelle d'encombrer le répertoire d'une foule de nouveautés dont il n'était plus possible d'éviter la représentation. Si l'on se décidait à en jouer une d'abord, entre toutes, survenait la réclamation d'une seconde, traité en main, et se prévalant du droit de priorité; ainsi pour un troisième ouvrage, et de même pour les suivans. Par malheur, l'expérience, au Théâtre-Français, n'a jamais converti personne, autrement les affaires très-embrouillées de la fin de 1837 auraient pu servir de leçons efficaces pour l'avenir. On se serait dit, une fois pour toutes, que les marchés passés à l'avance avec les auteurs ne peuvent que compromettre la vitalité d'un théâtre, et que le désordre, en ces sortes de choses, conduit à l'impossibilité de remplir les engagemens contractés. Pour la première fois, ostensiblement du moins, et grâce au débats orageux des tribunaux de commerce, le public se trouva initié aux mystères des primes, des conditions ordinaires et extraordinaires imposées par les auteurs, aux supplémens de droits, aux stipulations étranges du nombre de billets distribués; on en vint à déterminer, pour l'exhibition d'une nouveauté, la meilleure saison de l'année, assimilant une pièce de théâtre au débit marchand d'une denrée coloniale ; on fixa à l'avance le nombre de représentations qu'un ouvrage devait avoir, sans s'inquiéter du public ni de ses décisions ; quelques auteurs privilégiés attendaient bien leur tour pour une lecture, mais stipulaient que leur pièce serait mise en répétition dès le lendemain, sans se préoccuper de savoir si pareille faveur ne devait pas blesser et compromettre d'autres intérêts ; et nous ne parlons pas ici des ouvrages reçus avant d'être faits, la méthode était devenue commune, et ce n'était plus une innovation. — Il n'y a qu'une chose, en tout ceci, que nous ne nous expliquons pas, et nous nous demandons encore comment il se fait que la Comédie-Française, si ardente conservatrice de ses règlemens vermoulus, se donnait si bien le droit de les violer ouvertement, selon ses caprices. Ces règlemens sont formels ; ils défendent les marchés, les traités, les primes ; ils forcent le théâtre à jouer les pièces qu'il a reçues, et cependant, à chaque instant, le Comité acceptait d'onéreuses conditions pour des ouvrages encore à faire, et refusait de jouer ce qu'il avait admis.

De là les procès, procès inévitables, justes et raisonnables. Depuis huit ans, la Comédie gardait dans ses cartons une *Isabelle en Palestine*, de M. Dupaty, et ne la jouait pas ; procès. — Par suite d'arrangemens pris avec M. Victor Hugo, on s'était engagé à reprendre *Hernani* et *Marion Delorme* dans un délai déterminé. Pour la non exécution de cette promesse, procès. Le tribunal de commerce dut condamner le Théâtre-Français, en la personne du directeur, à rejouer les deux ouvrages, à peine de 6,000 fr. de dommages-intérêts. — Les auteurs de *Louise de Lignerolles* avaient pris jour pour la représentation de leur œuvre. Mais ce jour étant suivi de trop de lendemains, procès. — Heureusement que ces Messieurs s'en rapportèrent à la bonne foi de M. Védel, qui leur donna l'assurance de *passer* après *Caligula*.

Pour *Caligula*, un traité avait été consenti par messieurs du Comité, après M. Jouslin et avant M. Védel. L'ouvrage n'existait encore que dans l'imagination de l'auteur. Il fut convenu que la pièce serait lue au mois de septembre, et entrerait en répétition immédiatement, pour être représentée dans le plus court délai possible. En d'autres termes, c'était une opération basée par les sociétaires sur l'inconnu, opération qui laissait à l'auteur toutes les chances favorables, et au théâtre toutes les probabilités mauvaises. On appelait cela administrer.— Au jour convenu, et avec la régularité d'une échéance commerciale, la lecture de *Caligula* eut lieu. Hâtons-nous de dire que l'ouvrage renfermait de grandes beautés, et qu'il était digne d'un succès qu'il n'a pas complétement obtenu. Une seule voix, celle de Mlle Dupont, s'éleva, après la séance, pour déplorer les frais énormes dans lesquels la Comédie-Française allait être infailliblement entraînée. Cette voix était prophétique, et il était bien triste, sans doute, de voir le Théâtre-Français engagé dans une route vicieuse, et acheter la donnée très-problématique d'une réussite au prix de sacrifices réels, d'avances onéreuses et de sacrifices plus onéreux encore. La pensée de M. Alexandre Dumas était grandiose ; mais, comme spectacle, elle n'avait de développemens convenables et possibles qu'au Cirque-Olympique ou à l'Opéra. Le Théâtre-Français n'est pas une scène à machines, à promenades triomphales, à grands mouvemens populaires pittoresquement groupés et habillés ; c'est une scène littéraire avant tout, et l'évocation complète de l'existence romaine à travers le Forum, la révélation piquante des Romains en déshabillé, dans leur vie intérieure et intime, pouvait être un plan fort habile, mais dont l'exécution était trop chèrement payée par le Théâtre-Français.

Les répétitions de la pièce nouvelle furent longues, et quelques-unes orageuses. M. Alexandre Dumas n'entendait pas faire la moindre concession de mise en scène. Il avait donné des ordres pour introduire des chevaux sur le théâtre, et il fallut toute l'énergie de M. Védel pour que les prescriptions formelles du directeur fussent respectées. Il n'y eut pas de chevaux.

Dans les derniers jours du mois de décembre 1837, *Caligula* fut joué. Sans certaines médailles commémoratives distribuées dans la salle, dès le second acte, l'ouvrage, écouté sérieusement jusqu'à la fin, aurait obtenu un plus grand nombre de suffrages favorables.

Le prologue est charmant. Menjaud y était délicieux. Ligier, Beauvallet, Firmin, MM^{mes} Noblet et Paradol jouaient les principaux rôles, et il faut y ajouter Mme Ida, engagée spécialement pour paraître dans l'œuvre nouvelle, probablement parce qu'il n'y avait pas, à la Comédie-Française, une seule artiste capable de remplir le rôle qui lui était confié.

A la même époque, une grande décision venait d'être prise, et un projet très-vaste, d'une réalisation presque impossible, avait reçu un commencement d'exécution. M. Védel, cédant à des idées larges et généreuses, convaincu que la littérature contemporaine devait avoir un débouché que le Théâtre-Français, par le fait de sa spécialité classique, ne pouvait pas lui donner, M. Védel, disons-nous, avait pensé qu'en réunissant l'Odéon à ce premier théâtre, il se trouverait, lui directeur, en mesure de satisfaire à toutes les exigences, et que, tout en continuant à honorer les chefs-d'œuvre de la scène française, il aurait les moyens de rendre à la jeune littérature, aux talens reconnus de notre époque et aux talens à venir, les services qu'ils avaient le droit de réclamer. La Comédie-Française obtint donc le privilége d'exploiter le théâtre de l'Odéon pendant trois ans, avec une fermeture permise de quatre mois chaque année. De grands travaux furent entrepris. Tout était non pas à refaire, mais à créer. L'intérieur de la salle de l'Odéon fut reconstruit par M. de Gisors, l'habile architecte, et décoré par MM. Séchan, Feuchères et Cicéri ; et, pour inaugurer la scène nouvelle, il était question d'un grand drame de M. Adolphe Dumas, dont le grand succès proclamé à l'avance devait consolider à tout jamais l'avenir du Second-Théâtre-Français.

Cette pièce de M. Dumas, le *Camp des Croisés,* lue d'abord devant le Comité de la rue Richelieu, chaudement et chaleureusement interprétée par son auteur, avait été reçue avec des acclamations d'enthousiasme. M. Adolphe Dumas faisait de la représentation de son œuvre sur notre première scène une question d'avenir et de gloire, et la décision nouvelle qui transportait la pièce à l'extrémité du faubourg Saint-Germain n'obtint que difficilement l'approbation de l'auteur. Ce fut bien pis quand le Comité institué près le théâtre de l'Odéon exigea une seconde lecture, observant que la sanction approbative de MM. les sociétaires du Théâtre-Français ne suffisait pas à éclairer la conscience d'un Comité de fraîche date dans ses attributions, et jaloux de ses prérogatives nouvelles. Force fut bien de relire une seconde fois. M. Adolphe Dumas était malade, la lecture s'en ressentit, et produisit, chose remarquable, un effet diamétralement opposé à la lecture antérieure. Nouvel exemple à ajouter à bien d'autres, et preuve de plus à formuler pour démontrer le vice réel qui existe dans l'organisation des Comités de réceptions.

Ne pouvant pas commencer à l'Odéon par le *Camp des Croisés,* arrêté par des difficultés assez graves de mise en scène, l'ouverture eut lieu enfin par *Cinna* et *Tartufe*, avec Mlle Mars dans Elmire. Les curieux accoururent à cette représentation, pour admirer les peintures et les dorures de MM. Séchan, Feuchères et Ciceri.

Pendant les sept mois d'exploitation de l'Odéon par la Comédie-Française, outre les spectacles composés du répertoire ordinaire de la rue Richelieu, voici les travaux spéciaux auxquels on s'y livra. — Reprise de *Roméo et Juliette*, de M. Frédéric Soulié; reprise d'*Eugénie*, de Beaumarchais; reprise d'*Angèle*, de M. Alexandre Dumas. L'autorité fait interdire cet ouvrage. — Le 3 février 1838, première représentation du *Camp des Croisés*. L'ouvrage obtint un succès littéraire, mais il ne fit pas d'argent. — Reprise des *Comédiens*, du *Voyage à Dieppe*, de la *Mère coupable*, du *Légataire universel*. — Première représentation des *Suite d'une Faute*, de MM. Arnould et Fournier; — d'*Une Veuve à marier*, de MM. Ancelot et Vaulabelle. — Enfin, première représentation du *Bourgeois de Gand*, de M. Hippolyte Romand. C'était un grand succès, mais trop tardif. La clôture approchait, et le théâtre ne fut pas rouvert. M. Védel insistait pour essayer une seconde campagne; mais il eut beau prouver qu'en définitive il n'y avait pas de pertes réelles, les sociétaires du Théâtre-Français ne voulurent plus entendre parler de l'Odéon et de leur privilége, qui en resta là. On sait que chaque fois qu'ils jouent, les sociétaires reçoivent 10 fr. de feux au Théâtre-Français; quand ils allaient à l'Odéon, ils recevaient 15 francs. En somme, il y avait un déficit d'une quarantaine de mille francs, sur lesquels 25 à 28,000 fr. avaient été dépensés pour le *Camp dse Croisés*, reçu par le Comité de la rue Richelieu, et sur lesquels encore il avait fallu acheter des costumes d'accessoires pour le répertoire courant, et créer tout le mobilier des loges et le matériel du théâtre, qui n'existaient pas; il y avait aussi 18,000 fr. de feux à partager.

Oui, l'Odéon est destiné à rendre de grands services à l'art, mais il ne le peut qu'en restant indépendant du premier Théâtre-Français.

Pendant que l'Odéon luttait avec courage contre les mauvaises chances et les pièces médiocres, ne prévoyant pas encore qu'un grand succès, celui du *Bourgeois de Gand*, devait récompenser ses efforts, au moment même de son agonie, le Théâtre-Français se mettait, de son côté, en mesure d'exécuter les jugemens de ses nombreux procès, et remettait à la scène *Hernani*, de M. Victor Hugo. Ce n'était que la moitié de la dette contractée par la Comédie envers le poète, puisqu'il y avait nécessité de rendre à *Marion De-*

lorme un honneur pareil, mais on ne pouvait pas tout faire en même temps; d'ailleurs M. Régnier venait d'être nommé professeur au Conservatoire, et le Théâtre-Français, M. Victor Hugo et tout le monde, devaient se trouver très-satisfaits.

Une Saint-Hubert, de M. Alexandre de Longpré, obtint un succès agréable. Mlle Mars y était charmante, le dialogue était fin et spirituel, le sujet très-léger, la versification facile, et, comme dans toutes les œuvres de l'auteur le plus *régence* de notre époque, le fonds était très-risqué, la plaisanterie presque libertine, et le but assez peu moral. M. Alexandre de Longpré s'est créé une spécialité ; il ne comprend la comédie qu'avec la poudre, les manchettes, les talons rouges, les mœurs faciles et le mot grivois.

Pendant ce temps, M. Alexandre Dumas dirigeait contre le Théâtre-Français, et surtout contre son directeur, toute l'artillerie de son feuilleton irrité. En renvoyant M. Jouslin de La Salle, *après lui avoir suscité un procès de mauvaise foi,* écrivait M. Alexandre Dumas dans *la Presse,* les comédiens ont pris en M. Védel un fermier et non un directeur. Bref, l'attaque était rude, ce qu'il y a de pis encore, elle était injuste, et dans le nombre des récriminations très-nombreuses de

M. Alexandre Dumas, M. Védel était accusé d'avoir mis de côté Mlle Mars, et de ne tirer aucun parti de son beau talent. — Toute demande mérite réponse, et celle de M. Védel ne se fit pas attendre longtemps. La critique de M. Alexandre Dumas laissait trop percer le bout de l'oreille, et il était bien facile de lui prouver que si *Caligula* n'avait pas mieux réussi, ce n'était assurément la faute, ni de la Comédie-Française, ni de M. Védel, qu'en définitive M. Dumas avait obtenu l'engagement de Mlle Ida, les reprises de *Charles VII* et d'*Angèle*, et que la Comédie-Française, après avoir dépensé des sommes considérables pour *monter Caligula*, n'avait obtenu en échange de ses bons procédés et de ses sacrifices qu'une perte d'argent évidente, puisque les représentations, tombées à des recettes de 700 francs, n'avaient pas encore couvert les premiers frais. La discussion, ramenée à une question de chiffres, cessa d'elle-même, et M. Alexandre Dumas ne crut rien devoir opposer aux bordereaux de recettes du Théâtre-Français.

Isabelle, comédie en trois actes, de Mme Ancelot, avait plus d'un lien d'étroite parenté avec *Marie* du même auteur. *Marie*, qui doit être certainement l'œuvre de prédilection de Mme Ancelot, comme elle est aussi le plus éloquent plaidoyer qu'on ait jamais écrit en faveur des femmes ; *Marie* est l'idée mère d'*Isabelle*, qui en procède directement. Maillart et Mlle Plessy s'y firent applaudir. — Reprise du *Sicilien* ou *l'Amour peintre*, pour continuer les hommages rendus à la mémoire de Molière, en remettant au jour tout ces petits chefs-d'œuvre laissés dans l'ombre. Mais, au moment même, un des interprètes du grand poète comique prenait sa retraite : c'était une perte réelle ; Duparai emportait avec lui la bonhomie, le naturel exquis, l'instinct, qui est ici plus que l'intelligence, des rôles conçus par Molière ; Duparai ne devait pas être remplacé. Entré trop tard au Théâtre-Français pour y être admis comme sociétaire, il en sortait modestement et aussi naïvement qu'il y était venu. La Comédie lui accorda une pension de 1,500 fr.

Un petit acte de M. de Vailly, l'*Attente*, réprésenté et mis sous la protection du pseudonyme de Marie de Sénan, à titre d'auteur, joué avec empressement par Menjaud, Samson, MM^mes Plessy et Anaïs, tomba très-lourdement avec plus d'empressement encore. — Reprise de *l'Abbé de l'Epée*, par M. et Mme Volnys, et reprise des *Deux Cousines*, de M. Casimir Bonjour.

On connaît l'histoire du monument de Molière,

l'intervention *efficace* de M. Régnier, la souscription assez maigre qui en a été le résultat, et la maladroite décision qui plaçait Molière dans un carrefour, à l'angle de trois rues, et adossé contre le mur vieilli d'une maison ignoble. Un pareil projet ne pouvait pas exciter l'enthousiasme ni provoquer la sympathie de personne. Il était étroit, petit, mesquin, ridicule. Pour augmenter le chiffre de la souscription, le Théâtre-Français dut organiser une représentation au bénéfice du monument élevé à la mémoire du grand homme sans lequel la Comédie-Française n'existerait pas. Cette représentation se composait principalement de la reprise de *l'Impromptu de Versailles*, boutade charmante, qui ne produisit pas l'effet de *la Critique de l'Ecole des Femmes*. Cependant *l'Impromptu* fait mieux connaître Molière que *la Critique*; mais la distribution des rôles porta surtout malheur à cette scène ravissante, la seule preuve qui nous reste de la manière dont Molière entendait la scène, et s'entendait lui-même à la faire comprendre à ses acteurs. Samson jouait le rôle de Molière, Provost celui de Brécourt, Menjaud, Lagrange, Leroy, Lathorillière, Louis Monrose, Ducroissi; Mlle Plessy représentait Mlle de Brie, et Mlle Anaïs, Mlle Molière. Des vers académiques de M. N. Lemercier, composés pour la circonstance, furent parfaitement récités par Joanny, et la recette s'éleva à 17,300 fr.

Une autre solennité se préparait pour la retraite de Mme Paradol, belle actrice d'un talent ordinaire, mais dont l'absence portait un coup funeste au répertoire, puisque Mme Paradol emportait avec elle toutes les reines-mères de la tragédie. Ce soir-là, on donna *Athalie*, avec les chœurs de Boïeldieu, exécutés en France pour la première fois. Ligier et Joanny, prétendant tous deux au rôle de Joad, le jouèrent depuis l'un et l'autre alternativement; Mme Paradol fut vivement applaudie dans le beau songe d'Athalie, qu'elle détaillait fort bien, et la recette réalisée, grâce à l'augmentation du prix des places, alla jusqu'à dix mille francs.

Le grand succès de *Louise de Lignerolles* vint un peu tardivement indemniser MM. Ernest Legouvé et Goubaux de leur longue attente, mais aussi l'indemnité fut complète, car le succès fut très-grand. La donnée de la pièce était hardie, quelques situations neuves et saisissantes, l'intérêt constamment soutenu. C'était encore un triomphe pour Mlle Mars, dont le talent semblait grandir à chaque création nouvelle; Geffroy, Firmin, et surtout Joanny, qui se montra d'une vérité poignante, avaient aussi une large part dans la réussite, et avec *Louise de Lignerolles* commença cette longue série de recettes fabuleuses que la Comédie-Française encaissa pendant les six derniers mois de cette année 1838, Mlle Rachel aidant.

Débuts de Guyon, jeune acteur très-remarqué et très-applaudi aux boulevards, et qui, pendant un congé de Ligier, s'essaya dans *Horace* de Corneille, et qui joua depuis le vieux doge de *Marino Faliero*. Guyon ne devait se révéler que plus tard, à la Renaissance, dans la *Fille du Cid*. Pour cette fois, au Théâtre-Français, ses débuts n'eurent pas de résultats. — Retour de Mlle Rabut, qui paraissait pour la seconde fois à la Comédie-Française, mais qui rentrait triomphante. La pureté de sa diction, son geste correct, son excellente attitude scénique, lui méritèrent les suffrages et la placèrent aux premiers rangs. D'ailleurs, le talent de Mlle Rabut était souple et varié. Dans la tragédie comme dans la comédie, elle pouvait rendre d'importans services : c'est pourquoi le Théâtre-Français n'a pas jugé convenable de la conserver.

Débuts heureux de Robert Kemp dans la *Métromanie*. M. Robert Kemp ne savait encore que cette pièce; ses études durèrent trois mois, et il ne fut pas possible de lui faire jouer autre chose. Plaçons ici les débuts de Mlle Maxime, qui parut à l'Odéon avant la fermeture, qui révéla aussi, elle, un talent déjà mûri par de fortes études, et qui obtint, dans Hermione d'*Andromaque*, un véritable succès.

Le 12 juin 1838, débuts de Mlle Rachel dans Camille d'*Horace*. Mais comme les premiers essais et l'engagement de Mlle Rachel ont eu une influence immense sur la destinée du Théâtre-Français, nous allons entrer dans quelques détails historiques, et qu'il est indispensable d'introduire dans notre récit.

Un fait qu'il n'est plus possible de nier à l'heure qu'il est, c'est que la présence de Mlle Rachel au Théâtre-Français est le seul, l'unique élément des recettes réalisées, recettes que M. Merle, dans un de ses feuilletons, a fait monter à la somme énorme de 1,503,000 fr. en cinq années.

Il est vrai que la Comédie indemnise largement la tragédienne, et que si Mlle Rachel produit beaucoup, elle reçoit aussi dans une proportion très-raisonnable. Pour le moment, du reste, la question n'est pas là, mais bien dans le fait de l'adoption de Mlle Rachel par le Théâtre-Français.

(1) M. Védel était caissier encore, lorsqu'un

---

(1) Lorsque ces détails parurent dans la *Gazette des Théâtres*, pour laquelle nous les avions écrits, quelques journaux les reproduisirent en n'indiquant ni la source où ils les avaient puisés, ni le nom de leur auteur. Nous protestons ici contre cette façon d'agir pour qu'on ne puisse pas s'imaginer que nous

matin une jeune fille vient le prier instamment d'aller, le dimanche suivant, au théâtre Molière, pour lui voir jouer, à elle élève de Saint-Aulaire, la soubrette du *Philosophe marié*. M. Védel de s'excuser, en opposant son incompétence officielle; la jeune fille d'insister, en se basant sur de certains motifs d'influence personnels à M. Védel, lequel promet enfin. Arrivé là, à midi, et n'apercevant que des tuniques et des costumes drapés, M. Védel s'informe, et apprend de M. Saint-Aulaire qu'avant le *Philosophe marié* on doit jouer *Andromaque*. Restez, cependant, ajoute le professeur, vous allez voir quelque chose de très-extraordinaire, une petite fille bien bizarre, et qui vous étonnera bien. — La pièce de Racine commence, et Andromaque paraît..... La veuve d'Hector, sous la forme d'une enfant maigre, pâle, noire de costume et de visage, avec cet organe accentué, cette simplicité solennelle du débit que vous connaissez, Mlle Rachel enfin. — Notre auditeur, malgré lui, mais depuis une demi-heure sous le charme, n'en pouvait croire ni ses oreilles, ni ses yeux. Il questionne Saint-Aulaire, qui ne sait rien ou peu de chose des antécédens de la tragédienne précoce : « Ce n'est pas moi qui l'ai faite

---

reproduisons aussi. Nous ne copions que nous-mêmes, et ce récit nous appartient.

ainsi, ce que vous la voyez...... Tout cela c'est de l'intuition, des facultés innées, c'est une manière, une diction, une intelligence du vers qui ne ressemble à rien de ce que j'ai connu jusqu'à ce jour.... Cette enfant comprend, sent et rend comme vous venez de l'entendre.... Je vais vous la chercher.— Complimens de M. Védel, qui propose à Mˡˡᵉ Rachel de lui faciliter les moyens d'entrer au Conservatoire, et, plus tard, au Théâtre-Français. La joie de Mˡˡᵉ Rachel est grande, et la proposition acceptée. Rapport de M. Védel à M. Jousslin de la Salle, qui, à son tour, va au théâtre Molière, et voit jouer cette fois, à Mˡˡᵉ Rachel, Aménaïde de *Tancrède*. — M. Jouslin écrit au ministre, lequel envoie un ordre pour admettre Mˡˡᵉ Rachel au Conservatoire, en ajoutant à sa lettre la promesse d'un secours de 600 francs, qui n'ont jamais été payés, pour le dire en passant. — Au Conservatoire, Mˡˡᵉ Rachel n'était plus qu'une élève comme tant d'autres. On ne la comprit pas, on la négligea, on l'abandonna. Il faut avouer qu'il est au moins singulier que les hommes auxquels le gouvernement confie le soin d'alimenter, par leurs enseignemens, la scène française, restent le plus souvent sourds et aveugles en présence des grands talens que le théâtre est appelé à développer quelquefois plus tard. Ce qui est arrivé à Mlle Rachel est l'histoire de bien d'autres, et se reproduira, il n'en faut pas douter. Le fait est que les acteurs hors ligne ont été rarement à leurs premiers pas, à leur bégaiement du langage dramatique, adoptés par le Conservatoire. Développe les raisons qui voudra ; mais le fait existe.

Lasse de son inaction et de la stérilité de ses études inutiles, Mlle Rachel se remet à jouer dans les petits théâtres d'élèves, à Molière, à Chantereine ou ailleurs. Par hasard, M. Poirson va la voir, et s'étonne tout autant que MM. Védel et Jouslin. Il écrit à Mlle Rachel, qui récite sur la scène du Gymnase, pendant une répétition, trois ou quatre passages de ses rôles importans. Séance tenante, M. Poirson formule des offres, et conclut un engagement de trois ou six années, à trois mille francs la première année, avec mille francs d'augmentation par chaque année suivante. Aller trouver M. Paul Duport, lui annoncer le sujet que lui, M. Poirson, a découvert, demander un rôle pour sa petite merveille, tout cela est l'affaire d'un instant. M. Paul Duport livre le manuscrit de la *Vendéenne*, Mlle Rachel débute.. et ne réussit pas. Quoi qu'on ait pu dire, personne n'a deviné la tragédienne actuelle ce jour-là. M. Poirson trouvait son marché assez triste, et se creusait la cervelle pour en tirer un meilleur parti; il aurait mieux aimé le rompre, mais il avait beau se gratter le front, les idées ne lui venaient pas.

Pendant ce temps, M. Védel, absorbé par la direction du Théâtre-Français, à la tête duquel il avait été appelé, et aussi par les tracasseries de toutes sortes dont il se trouvait déjà environné, avait oublié et la petite fille et jusqu'à son nom. En décembre 1837, il reçoit un jour une lettre ; l'écriture était *primitive*, assez correcte, mais maformée; la lettre demandait un rendez-vous, et était signée *Rachel-Félix*. Si cette dame veut me voir, se dit M. Védel, elle doit savoir que le cabinet du directeur est ouvert de deux à quatre heures; je la recevrai quand elle viendra, et la lettre passe dans un carton. Ceci fut une faute, excusable sans doute, mais enfin ce fut une faute. — Ne recevant pas de réponse, Mlle Rachel ne se présente pas chez M. Védel, et va trouver M. Samson .. Deux mois se passent, et M. Samson dit un jour à M. Védel: « Je donne des leçons à une jeune fille qui a vraiment des dispositions remarquables. Venez l'entendre demain. Le lendemain, en effet, M. Védel est exact, et qui reconnait-il? la petite fille de la classe de Saint-Aulaire, assez embellie, et, du reste, bien changée.

M. Védel n'avait guère besoin d'une audition nouvelle, et son parti fut bientôt pris. — Voulez-vous entrer aux Français? — Oui, si je n'étais pas liée au Gymnase pour trois ans au moins. — Diable! c'est fâcheux ; cependant je vais écrire à M. Poirson, pour lui demander la résiliation de votre traité. A l'instant même, la lettre est achevée et remise à Mlle Rachel, qui rapporte le lendemain le consentement de M. Poirson, et qui signe avec M. Védel un engagement de quatre mille francs pour la première année. — Mlle Rachel a donc été engagée au Théâtre-Français, sans débuts, sans audition officielle, sans condition d'aucune sorte, et le fait est assez peu ordinaire pour mériter d'être consigné.

Supposons maintenant la Comédie-Française régie par le système des sociétaires. Certes, M. Samson, qui, mieux que personne, avait compris le talent de l'actrice, qui a contribué, par les leçons de son expérience et ses conseils éclairés, à développer et à former, par des études efficaces, les qualités qui ne s'acquièrent que par l'étude, M. Samson, sans aucun doute, eût été d'un grand poids dans la balance pour la réception de Mlle Rachel par le Comité ; mais la signature d'un simple traité aurait traîné en longueur ; mais ce que M. Samson n'aurait pas pu empêcher, c'eût été les intrigues, les jalousies et le dépit des sociétaires, et il est à peu près certain que le succès même de Mlle Rachel aurait été un obstacle à son engagement.

Voici l'ordre des débuts de Mlle Rachel, par dates, avec le montant des recettes jusqu'à la vingt-septième représentation, qui a atteint le chiffre le plus élevé. Nous avons négligé les petites fractions et les centimes.

11 juin 1838, premier début. Camille d'*Horace*, 752 fr. — 16 juin, Emilie de *Cinna*, 558 fr. — 23 juin, *Horace*, 303 fr. — 9 juillet, Hermione d'*Andromaque*, 373 fr. — 11 juillet, *Cinna*, 342 fr. — 15 juillet, *Andromaque*, 740 fr. — 9 août, Aménaïde de *Tancrède*, 620 fr. — 12 août, même rôle, 422 fr. — 16 août, Eriphile d'*Iphigénie*, 715 fr. — 18 août, *Horace*, 594 fr. — 22 août, *Tancrède*, 800 fr. — 26 août, *Andromaque*, 1,225 fr. — 30 août, *Tancrède*, 650 fr. — 4 septembre, *Andromaque*, 629 fr. — 9 septembre, *Tancrède*, 2,048 fr. — 11 septembre, *Horace*, 1,304 fr. — 15 septembre, *Andromaque*, 1,218 fr. — 17 septembre, *Tancrède*, 1,118 fr. — 23 septembre, *Andromaque*, 2,129 fr. — 27 septembre, *Cinna*, 3,150 fr. — 29 septembre, même rôle, 2,400 fr. — 3 octobre, *Andromaque*, 4,281 fr. — 5 octobre, Monime de *Mithridate*, 3,660 fr. — 9 octobre, même rôle,

4,640 fr. — 12 octobre, *Andromaque*, 5,529 fr. — 17 octobre, *Horace*, 4,440 fr. — 19 octobre, *Andromaque*, 6,131 fr.

On sait la suite. A partir de ce moment, au mois d'octobre, la marche triomphale était commencée. Pendant ce même mois d'octobre, le Théâtre-Français a encaissé plus de cent mille francs.

Convenons maintenant que, pour récriminer contre leur directeur, les sociétaires avaient mal choisi leur temps. N'est-il pas incroyable qu'à partir du grand succès de Mlle Rachel, M. Védel a été en butte à une guerre acharnée, et, qui plus est, sans motif ? N'est-il pas bien étrange que les sociétaires, à cette époque, n'aient pas pu pardonner à la débutante le pouvoir qu'avait son talent d'attirer la foule, et qu'on lui ait fait un crime de faire de l'argent ? Chaque bordereau de recette ascendante n'était-il pas considéré comme une calamité, un malheur pour le Théâtre-Français ? C'était un désespoir très-comique, et, dans tous les cas, fort curieux. Que pouvait à cela M. Védel ? Rien. Il n'avait ni créé ni inventé Mlle Rachel ; il l'avait engagée, voilà tout. En vrai directeur qu'il était, les questions d'amour-propre étaient peu de chose, et les bénéfices avaient beaucoup de mérite à ses yeux. En définitive, le théâtre faisait de l'argent, beaucoup d'argent, et les directeurs n'entendent et ne veulent rien de plus.

Une lettre parut signée par quatre sociétaires : MM. Samson, Beauvallet, Régnier et Geffroy. Cette lettre renfermait de graves reproches d'incapacité adressés à M. Védel, et concluait à la démission du directeur. Ce fut dans tout Paris artistique un cri universel de réprobation. Vous voulez renvoyer M. Védel ? mais c'est vous-même qui l'avez choisi ; le ministre ne l'a nommé que par le fait de votre unanimité ! Vous l'accusez d'être incapable, mais vous le connaissiez cependant quand vous l'avez pris par la main pour en faire votre directeur? Depuis plus de vingt ans qu'à différens titres M. Védel était en constans rapports avec vous, n'aviez-vous pas confiance en lui ? Dans tous les cas, un fait irrécusable existe, c'est que le Théâtre-Français, au moment même de la publication de votre lettre étrange, est le plus prospère de tous les théâtres de Paris.

Tels étaient les discours tenus par la presse et le public. Le ministre fut de cet avis, car il refusa d'entendre les plaintes formulées par la coalition des quatre conjurés. Et d'ailleurs, les reproches de ces Messieurs retombaient, au bout du compte, sur la Comédie elle-même, attendu que le directeur du Théâtre-Français n'était en réalité que le mandataire des comédiens, qu'il n'était jamais complétement libre de faire le bien, qu'il n'avait pas le moins du monde le pouvoir d'empêcher le mal, et que sa capacité, sollicitée par les quatre sociétaires, ne pouvait être qu'une qualité accessoire et toute de luxe. Les sociétaires recevaient les pièces, recrutaient d'autres sociétaires, jouaient eux-mêmes le répertoire. Le directeur n'avait rien à y voir. En résumé, le directeur n'organisait pas le théâtre, il administrait.

Pour en finir, une décision ministérielle vint dissoudre le Comité. Puis M. Védel, devant les sociétaires, expliqua les comptes de gestion, et démontra l'impossibilité de couvrir l'arriéré qui continuait à exister. Il fallait bien donner au théâtre le temps de réaliser. Quelques voix, dans la presse, s'élevèrent pour demander la dissolution de la société elle-même, sollicitant pour le Théâtre-Français l'intronisation d'un pouvoir absolu ; mais on se contenta d'une demi-mesure, et le Comité, réorganisé par les soins de M. le baron Taylor, fut reconstitué, et recomposé de MM. Monrose, Desmousseaux, Perrier, Joanny, Ligier et Guiaud.

Pendant ce temps, et malgré les querelles, le

répertoire marchait. *Faute de s'entendre*, petit acte de M. Ch. Duveryier, jolie pièce bien innocente et bien candide, véritable proverbe de société, réussissait par son propre mérite et le jeu agréable de ses acteurs. — Départ de Mme Dorval, dont il eût été plus habile d'utiliser le grand talent : au Théâtre-Français, les services rendus s'oublient vite, et les succès obtenus, en dehors de la société, par de simples pensionnaires, ne se pardonnent pas. — Première représentation de *Philippe III*, de M. Audrand. Oublié dans les cartons, cet ouvrage en fut tiré un beau jour ; lu par M. Beauvalet, cet acteur s'éprit du même rôle qui avait plu autrefois à Talma, et M. Audrand, depuis bien des années revenu à la vie positive, et ne pensant plus à ses rêves dorés de poète, obtint, mais un peu tard, un succès de solide estime. — Les *Adieux au pouvoir*, de MM. d'Epagny et d'Aubigny, accueillis par des sifflets aigus, succombèrent sous une chute retentissante. — Le *Ménestrel*, de Camille Bernay, jeune auteur trop tôt ravi aux lettres et au théâtre, qui semblait le convier à une brillante carrière, venait de révéler un talent naissant, nourri de fortes et de saines études classiques. Le *Ménestrel* n'était peut-être qu'un pastiche, mais un pastiche fort habile, que Monrose fit bien valoir, et qu'il joua de verve, en en se rappelant tous les types qu'il représentait sans cesse. Un *Jeune Ménage* de M. Empis, ouvrage plus heureux devant le public qu'il ne l'avait été d'abord en présence du Comité, et qui contenait beaucoup des qualités habituelles chez son auteur. Mlle Plessy, Firmin, Maillard, Geffroy, jouaient les principaux rôles. — Représentation au bénéfice de Mme Amalric, fille naturelle de Louise Contat (Mme Parny), et nièce d'Emilie Contat. On donnait la *Mère Coupable*, par Mme Dorval, et la reprise des *Fâcheux*, de Molière, caractères parmi ceux de Molière les plus vrais et les plus comiques, mais qui n'ont jamais été heureux à la scène.— *Richard Savage*, de MM. Desnoyers et Labat. — *Maria Padilla*, nouveau titre académique de M. Ancelot, qui voulait prouver qu'il était digne encore de ses anciens succès tragiques, et que son adoption du vaudeville n'était pas autre chose que le résultat d'un parti pris.—Enfin, le retour de Mlle Mars, qui était allée faire une excursion en Italie, permettait la représentation d'une pièce longtemps attendue, dont la lecture officielle, laquelle avait duré quatre heures, avait produit un grand effet, de *la Popularité*, enfin. De toutes les productions de M. Casimir Delavigne, c'était peut-être celle où le vers étalait avec le plus de grâce et de noblesse ses allures élégantes et correctes; comme poésie dramatique, l'auteur de *l'Ecole des Vieillards* n'avait pas atteint peut-être une aussi grande perfection, mais comme pièce de théâtre, le sujet de *la Popularité*, exclusivement politique, froid, et sans intrigue principale, ne comportait pas assez d'intérêt. Mlle Mars, éblouissante de diamans, MM. Beauvallet, Geffroy, Firmin, Samson, composaient un ensemble digne de l'œuvre qu'ils interprétaient.

Mlle Rachel, de son côté, continuait ses excursions dans l'ancien répertoire. La tragédie classique avait enfin retrouvé le privilége d'émouvoir et d'attirer la foule. On se passionnait, on s'exaltait, on discutait, et surtout on venait à la Comédie-Française. La reprise de *Bajazet* fut un événement. Mlle Rachel, dans le rôle de Roxane, se trouva en butte aux critiques les plus violentes et les plus acerbes. Un feuilletonniste très-connu, M. J. J., fit mieux : au lieu de juger, il nia obstinément. Avant la représentation comme après, à l'intérieur comme en dehors du théâtre, les clameurs étaient universelles. Les sociétaires, surtout, se frottaient les mains, et l'échec du premier jour les transporta de joie (*Historique*). Ils n'ignoraient pas que M. Védel avait conseillé à Mlle Rachel d'étudier et de jouer le rôle de Roxane, et *l'auteur de Bajazet*, comme on disait dans les coulisses, était désormais jugé. — Ah! vous avez fait de la belle besogne! s'écria M. J. J. du plus loin qu'il aperçut M. Védel, le lendemain de cette soirée désastreuse. Carpentras! mon cher, Carpentras! — On sait la visite de Mlle Rachel au même M. J. J., et la condamnation formelle du critique, qui déclara que Mlle Rachel ne serait *jamais bonne* dans Roxane. — Cependant les études étaient faites ; la reprise de *Bajazet* ne pouvait pas en rester là, et M. Védel réclamait énergiquement la suite des représentations ; malgré l'opposition de M. Félix, Mlle Rachel rejoua le rôle, et l'on sait le reste. Un grand succès, un succès incontestable vint trancher toutes les difficultés. A côté de Mlle Rachel, Mlle Rabut recueillait chaque soir des applaudissemens, et le rôle d'Osmin fit remarquer Fonta, qui avait déjà fait ses preuves dans *les Enfans d'Edouard*, dans *Marie*, et dans Arbate de *Mithridate*.

Cette année 1838, si remplie de faits importans, qui avait réalisé 715,000 fr. de recettes, 41,000 fr. pour des représentations à bénéfice et 20,000 fr. de location des loges, devait se terminer par un grave changement dans le personnel d'administration intérieure. Nous voulons parler de la retraite de M. Taylor, comme commissaire du roi. Malgré les services rendus à la jeune littérature, l'influence de M. Taylor avait été plus désastrueuse qu'utile. Epris du romantisme, auquel il facilita l'entrée du Théâtre-Français, M. Taylor toléra et encouragea peut-être les primes aux auteurs, les engagemens d'actrices médiocres et même sinécuristes, l'envahissement de la salle par les claqueurs aux premières représentations, toute chose qu'un *veto* motivé du commissaire royal aurait dû empêcher. M. Taylor ne laissait donc pas de regrets, mais son successeur ne donnait pas assez de garanties. Des raisons exclusivement politiques, et par conséquent tout-à-fait étrangères à l'art et au théâtre, portaient M. Buloz à un poste qu'il désirait remplir, qu'on lui accorda, mais pour lequel son incapacité notoire aurait dû être un obstacle sérieux. M. Buloz, entrepreneur de librairie, éditeur de la *Revue des Deux-Mondes*, de la *Revue de Paris*, deux recueils d'une haute importance, avait bien pu donner une direction salutaire à la publication de travaux littéraires ; mais M. Buloz, étranger au théâtre, aux administrations dramatiques, ignorant le répertoire et la classification des emplois ; M. Buloz, commissaire du roi près le Théâtre-Français, le premier théâtre de l'Europe, ne pouvait qu'apporter avec lui une influence nuisible en tous points. La suite de cette histoire le prouvera suffisamment.

Au mois d'août de l'année précédente, un acte de munificence de M. Victor Hugo avait valu au Théâtre-Français l'économie d'une somme de 20,400 fr. On se souvient, en effet, qu'un jugement prononcé entre la Comédie et M. Victor Hugo obligeait le Théâtre-Français à représenter *Angelo* un nombre de fois déterminé, du 20 novembre 1837 au 20 avril 1838, à peine de 150 f. de dommages-intérêts par jour de retard. Ce nombre de représentations n'ayant pas été complété, comme l'explique M. Victor Hugo dans une lettre qu'il adressa à M. Védel, la Comédie se trouvait débitrice, au 20 août, envers l'auteur d'*Angelo*, de 18,000 fr. Ajoutez à cela 2,400 fr. pour retards apportés à la représentation de *Marion Delorme*, et vous avez le total du *cadeau* fait par M. Victor Hugo au Théâtre-Français.

Au commencement de 1839, après l'avénement de M. Buloz, et pendant qu'on était en verve d'innovation dans les rouages administratifs, il fut jugé convenable de renouveler le Comité de lecture, cette autre plaie du Théâtre-Français, tant que son organisation ne changera pas, tant qu'on n'introduira pas dans son sein des élémens regénérateurs, des influences étrangères qui puissent contrebalancer les décisions souveraines des comédiens. Il y a une telle anomalie entre le Comité des sociétaires qui administrent et le Comité de ces mêmes sociétaires qui reçoivent ou rejettent les œuvres présentées à la Comédie, il y a une contradiction si flagrante de toute idée de justice dans la combinaison de ce double pouvoir qui exécute et qui juge, confié comme il est aux mêmes esprits, aux mêmes consciences, aux mêmes passions, qu'il faut que le Théâtre-Français ait une force bien grande dans les richesses de l'ancien répertoire pour résister, comme il l'a fait, aux vices d'une pareille constitution.

On procéda donc à la formation d'un nouveau Comité de lecture, qui se trouva composé ainsi qu'il suit : le commissaire royal, le directeur, MM. Desmousseaux, Monrose, Menjaud, Samson, Périer, Ligier, Joanny, Beauvallet, Régnier, MM^{mes} Dupont, Tousez, Mante, membres titulaires, et MM. Guiaud, Geffroy, avec MM^{mes} Hervey et Anaïs Aubert, à titre de membres suppléans. — On décida enfin qu'il fallait rigoureusement la présence de neuf membres pour admettre ou rejeter.

Pour arriver au grand succès de l'année 1839, il nous faut passer rapidement sur un *Comité de bienfaisance*, de M. Duveyrier, sur les *Sermens*, de M. Viennet, la *Course au clocher*, de M. Arvers, trois ouvrages différens de qualité et de valeur, où l'on trouvait, dans les deux derniers surtout, beaucoup de mots spirituels et d'allusions piquantes.

Nous ne nous arrêterons pas davantage sur la reprise d'*Esther*, par Mlle Rachel, rôle chaste et contenu, qui exige une perfection de diction très-grande, et que Mlle Rachel a dit avec justesse, avec vérité, et nous constatons, en passant, l'échec de Mlle Mante dans la *Femme jalouse*, et la prise de possession, par Mlle Plessy, du rôle de Mlle Mars dans la *Popularité*.

Mademoiselle de Belle-Isle était non-seulement le plus grand succès de l'année, c'était encore une de ces réussites comme le Théâtre-Français n'en peut obtenir qu'à de longs intervalles. L'auteur de *Henri III* révélait d'ailleurs une partie de son talent si varié, que l'on ne connaissait pas encore, et pour avoir voulu faire aussi bien que M. Scribe, il se trouvait l'avoir dépassé. Il ne faut pas sans doute chercher dans *Mademoiselle de Belle-Isle* une haute leçon de morale, ni le développement sérieux d'un caractère; mais si vous aimez les tableaux aimables, la peinture très-risquée des mœurs de la régence, vous trouverez en écoutant *Mademoiselle de Belle-Isle* cette causerie libre de l'époque, cet esprit rempli de gaîté et pétillant de folles saillies, ce jargon tout à la fois inconvenant et de bonne compagnie, cet ensemble de manières et de discours, ce je ne sais quoi, qui séduisent tant. Firmin, délicieux de diction, d'enjouement, d'impertinence, et de bon goût dans le duc de Richelieu; Mlle Mars, pleine de décence, de grâce et de candeur dans Mlle de Belle-Isle; Mlle Mante très-supérieure dans la marquise de Prie; Lockroy, dans le rôle de Raoul, composaient un ensemble tout à fait digne du Théâtre-Français.

Deux représentations extraordinaires attirèrent ensuite la foule des amateurs de comédie et les lettrés. Lafon, le tragédien, retiré depuis 1830, après trente années de service, reparut pour sa représentation de retraite dans *Nicomède* et le *Misanthrope*. A côté de Lafon, talent d'une autre époque, Mlle Rachel jouait Laodice, qui a peut-être été son meilleur rôle, parce qu'il est au nombre de ceux où elle est complète, où elle peut exécuter tout ce qu'elle comprend et tout ce qu'elle veut rendre. Pour cette fois seulement, Mme Paradol consentit à reparaître dans Arsinoé. Le *Misanthrope*, avec Lafon (Alceste), et Mlle Mars (Célimène), complétait cette belle soirée, dont la recette atteignit le chiffre de 14,000 fr.

Enfin, à l'Odéon, au bénéfice de Mlle Rachel,

et comme partie du rachat du congé auquel elle avait droit, la Comédie-Française alla jouer *Andromaque* et *Tartufe*. Mlle Rachel jouait Hermione, mais ce n'était pas là le plus piquant; dans *Tartufe*, elle jouait Dorine, et les connaisseurs, tout en blâmant le jeune âge de la tragédienne dans un rôle presque *marqué*, comme on dit au théâtre, retrouvèrent toutes les qualités de fine ironie et d'intelligente diction qui caractérisent le talent de Mlle Rachel. Ce n'était pas la Dorine du Conservatoire, ni la Dorine qu'on pouvait voir tous les jours au Théâtre-Français, c'était une Dorine mordante et railleuse, un nouveau cachet donné au rôle, et qui sortait des sentiers battus. Dans le *Tartufe*, Mlle Mars jouait Elmire, et la recette dépassa 20,000 fr.

C'est alors que la Comédie-Française assista, elle-même, à un spectacle qu'elle n'avait certainement jamais vu. Au milieu des chaleurs de l'été, les grandes chambrées, les recettes journalières de 4,000, de 5,000, de 6,000 fr. se succédaient du jour au lendemain. Mlle Rachel, et Mlle Mars, avec *Mademoiselle de Belle-Isle*, alternaient l'une et l'autre, et sans cesse avec une foule compacte. Les bureaux de location ne désemplissaient pas. L'aurore d'un talent naissant, et le crépuscule d'une carrière admirablement remplie opéraient ce miracle. L'une commençait, l'autre allait finir, et tout le monde tenait à pouvoir redire : J'ai déjà vu Mlle Rachel, et j'ai encore vu Mlle Mars. De pareilles circonstances ne se reproduiront sans doute jamais.

Ajoutons à ces résultats magnifiques la remise, faite par le roi à la Comédie, de 324,000 fr. de loyers arriérés, et le renouvellement du bail du théâtre pour neuf années, au prix réduit de 50,000 fr. par an, au lieu de 62,000 fr. Les sociétaires avaient bien le droit, comme nous le faisions pressentir, de s'appeler les *Comédiens ordinaires du Roi*; ils avaient même le droit de retourner le proverbe : Qui ne paie pas ses dettes s'enrichit.

Remarquons aussi que M. Védel fut pour quelque chose, par ses instances, dans cet acte de munificence de la liste civile; aussi ne devait-il pas tarder à en être récompensé.

Le Théâtre-Français, écrivait-on dans toutes les feuilles publiques, est embarrassé de médiocrités désespérantes, d'acteurs inutiles ou impossibles, de sociétaires émérites qui ont fait leur temps; renouvelez, renvoyez, rajeunissez votre personnel, ce sera une des causes les plus sérieuses de votre prospérité. L'avis était bon, sans doute, mais l'exécution offrait bien quelques difficultés. Mlle Rachel, avec ses succès, ajoutait de plus en plus à ses prétentions premières. De 4,000 fr. d'appointemens, elle avait été portée à 8,000 fr., puis à 20,000 fr., sans compter des gratifications qui n'entraient pas dans son traité. D'un autre côté, les règlemens de la Comédie-Française sont tels, que Mlle Rachel, refusant la position de sociétaire, ne pouvait jouer qu'à titre de débutante, Mlle Noblet *ayant le droit, comme sociétaire*, de réclamer les rôles joués par Mlle Rachel. Mlle Mars prélevait au moins 40,000 fr., Mlle Rachel, à l'époque où nous sommes, bien près de 60,000 fr., et la surabondance du personnel des pensionnaires coûtait bien une cinquantaine de mille francs. Cependant les recettes étaien si faciles, tellement le public avait l'habitude d'entrer à la Comédie-Française, qu'au bénéfice de Menjaud, *Bajazet*, par Mlle Rachel, Mme Menjaud reparaissant dans le rôle d'Athalide, et les *Fausses Confidences*, par Mlle Mars, firent entrer dans la caisse une somme de 12,000 fr., places augmentées !

Trois acteurs furent admis à la retraite : David, Mlle Brocard et Mme Hervey. — Lockroy, Louis Monrose, Mme Geffroy, tous les trois pensionnaires, devaient cesser d'appartenir au théâtre, à partir d'avril 1840 ; en même temps, le ministre ordonnait la retraite de Desmousseaux et de Saint-Aulaire, sociétaires, et, de son propre mouvement, Joanny donnait sa démission. Noble et pathétique, rempli d'onction et de dignité dans les grands pères nobles de la tragédie et de la comédie, Joanny, dans les cadres du personnel, devait laisser un vide qui n'a pas encore été rempli.

Débuts de Mlle Crécy, de Mlle Charton dans Clytemnestre, de Mlle Avenel dans les soubrettes, de Mlle Dubois dans les premiers rôles tragiques, d'Eugène Monrose dans les amoureux, de Joannis dans les financiers, de Mme Delvil dans les ingénuités, de Mme Véret dans les soubrettes, de Crette dans la tragédie, de Mme Darras, premier rôle tragique.

Engagement de MMmes Véret et Avenel. — Débuts de Dévéria dans le *Misanthrope*, rôle qui lui fut moins favorable que le *Tartufe*, et surtout que le *Legs*, où il était bien placé.

Il est facile de se convaincre que les essais étaient nombreux, et que la bonne volonté ne manquait pas au pouvoir exécutif pour régénérer et modifier. Malheureusement, la discorde régnait en souveraine, et le temps employé en disputes, en rédaction de mémoires à consulter, en plaidoyers contre le directeur, ou en faveur de candidats à la direction, était perdu pour les travaux sérieux et utiles, et l'année si brillamment commencée devait finir bien tristement.

Le Susceptible, par M. de Beauplan, sans importance et sans portée ; *Il faut que jeunesse se passe*, par M. de Rougemont ; *Laurent de Médicis*, de M. Léon Bertrand ; l'*Ami de la Maison*, du pseudonyme Jules Cordier, et *un Cas de Conscience*, de M. Charles Lafond, qui offrait de l'intérêt et un véritable mérite de style : telles étaient les nouveautés.

Trois débuts curieux à différens titres excitèrent un instant l'attention publique. Périer, tendant de plus en plus à se créer une spécialité de rôles comiques, Firmin crut devoir aborder les premiers rôles et débuter dans le *Misanthrope*. Si Firmin, ce charmant acteur, ne s'est pas montré complétement l'Alceste qu'il est si difficile, pour ne pas dire impossible, de représenter, du moins il est entré avec chaleur dans tous les détails de ce rôle redoutable, et l'a dit avec une élégance qui n'appartient qu'à lui. Ses défauts n'étaient pas de ceux que l'on corrige, et si Firmin avait au physique l'ampleur et l'étoffe nécessaires, il serait aujourd'hui encore le seul premier rôle possible au Théâtre-Français. De son côté, Menjaud s'esseyait dans la même voie, et débutait par don Juan du *Festin de Pierre*. Comme Firmin, il apportait dans les premiers rôles les qualités qui lui étaient particulières, un organe flatteur, de la grâce dans l'accentuation. Ni l'un ni l'autre, cependant, n'ont persisté dans leurs essais.

Le troisième début était celui de Mlle Doze. Elève de Mlle Mars, jeune, jolie, intelligente, soutenue par l'admirable modèle qui protégeait ses premiers pas, le succès pour Mlle Doze était tracé d'avance et fut grand en effet. Selon l'usage antique et solennel, elle parut pour la première fois dans Agnès de l'*Ecole des Femmes*, et rappela, dit-on, ainsi que dans l'*Epreuve nouvelle*, les jeunes années de Mlle Mars. *Les Dehors trompeurs*, de Boissy, furent repris, et Mlle Mars y parut dans ce rôle qu'elle n'avait point abordé encore, protégeant et encourageant par sa présence Mlle Doze, chargée du même rôle que Mlle Mars jouait autrefois.

La résurrection de *Coriolan*, de La Harpe, joué par Ligier et Mlle Charton, était une idée assez bizarre, qui ne devait profiter à personne ; par compensation, *Marion Delorme*, par Mlle Rabut, reparut sur l'affiche, et *Misanthropie et Repentir* servait aux débuts de Mathilde Payre, artiste de mérite, intelligente, correcte et de distinction.

Maintenant, nous avons tout l'espace nécessaire pour faire assister nos lecteurs aux débats des sociétaires et de M. Védel, débats désastreux qui se sont terminés par la retraite de M. Védel, et le retour de la Comédie-Française au régime du Comité.

Depuis la coalition dont la fameuse lettre des quatre sociétaires conjurés était l'expression, c'est-à-dire depuis le mois de juin 1838, il était resté dans l'esprit des meneurs de la société, contre M. Védel, un ressentiment qui n'attendait qu'une occasion pour se traduire en accusations agressives. Le reproche d'incapacité était devenu une formule vieillie et sans force. Il fallait désormais des raisons plus graves pour se séparer violemment du directeur que l'unanimité des sociétaires avait choisi, et ces raisons, on crut les avoir trouvées en faisant de cette position de dissidence entre les comédiens et M. Védel une exclusive question d'argent. Les grandes recettes de Mlle Rachel et de Mlle Mars, les succès littéraires obtenus et traduits en résultats pécuniaires, servaient de prétextes aux récriminations, et la comparaison des dividendes ou excédans des bénéfices à partager, avec le chiffre des bordereaux d'encaissement, exaspéra tout à fait la mauvaise humeur de gens qui ne demandaient pas mieux que de se fâcher. M. Védel, cela va sans dire, justifia de l'exactitude et de la légalité des actes de sa gestion ; les querelles misérables qui lui furent faites, les comptes-rendus puérils qu'il fut obligé de dresser et qu'il expliqua, tout cela devait tourner à la confusion de ceux qui, ne sachant à quoi ni à qui s'en prendre, faisaient flèche, comme on dit vulgairement, de tous les bois possibles pour justifier leur animosité.

Pendant plus d'une année, de l'été de 1838 au mois de janvier 1840, la Comédie-Française a donc été livrée à l'anarchie la plus complète ; il a donc été permis à des comédiens, qui ne vivent que de la subvention accordée par le ministre, d'entrer en pleine révolte contre ce ministre, qui n'avait qu'un mot à dire pour ôter aux mécontens la possibilité de leur existence ; car, nous l'avons prouvé à plusieurs reprises, supprimez les parts subventionnelles accordées aux sociétaires, et le Théâtre-Français n'existe plus.

Comme si un changement de personne dans la question directoriale devait amener une solution, les concurrens et les candidats au poste occupé par M. Védel ne manquèrent pas ; une foule de noms surgirent de toutes parts ; les uns honorables et compétens, les autres qui n'étaient là que pour faire nombre sans doute, M. Mira, M. Singier, M. Séveste, M. Delaforest, M. Planard,

M. Vatout, M. Nestor Roqueplan, M. Hippolyte Lucas, furent mis en avant. La candidature très-peu sérieuse de M. Séveste, parce qu'elle n'était pas justifiée, était l'œuvre de MM. Samson, Geffroy, Régnier et Beauvallet : M. Hippolyte Lucas, qui pouvait donner des garanties littéraires, était appuyé par la Société des gens de lettres, et, ce qu'il y avait de plus remarquable dans tout ceci, c'est que toutes ces démarches et tous ces projets figuraient autant de hors-d'œuvre fort étrangers à l'état de la question. Il ne s'agissait pas de savoir, en effet, qui gouvernerait le Théâtre-Français, puisque les comédiens n'entendaient accepter l'autorité de personne ; mais il était urgent de s'inquiéter de l'existence même d'une institution qui périclitera de plus en plus, par le fait seul de son organisation vicieuse. A la haine vouée par les sociétaires à M. Védel, laquelle a pris son origine sans doute dans les services importans que M. Védel a *personnellement* rendus à la Comédie, il aurait fallu n'opposer que ce raisonnement : avez-vous demandé la direction de M. Védel à l'unanimité ? Oui. M. Védel a-t-il démérité ? Non, quoi que vous en puissiez dire... Pourquoi vouloir remplacer M. Védel ? Parce que... répondaient les sociétaires.—Parce que n'a jamais été une raison. Et cela est si vrai, que si M. Védel, fatigué de toutes les criailleries, de ces luttes continuelles et acharnées, n'avait pas cru, dans l'intérêt de son repos, devoir céder la place, il serait encore directeur à l'heure qu'il est, la volonté du ministre devant passer avant celle des comédiens.

Le plus curieux, c'est que les sociétaires contestaient jusqu'à ce droit manifeste, qu'aura toujours le pouvoir, de leur imposer la forme d'administration qui lui conviendra.

Le contrat de société de 1689 a régi la Comédie-Française jusqu'au moment de la Révolution; un décret du 27 germinal an XII vint modifier ce premier acte social, et organisa la Comédie en exploitation commerciale; et, enfin, le fameux arrêté de l'empereur, rendu à Moscou, en 1812, régularisa la position, et ce décret, qui a prévu tous les cas possibles, est encore aujourd'hui la charte du Théâtre-Français. En vertu de ce décret de Moscou, et pour simplifier la question, lors des querelles de 1840, le ministre, se basant sur l'article 16, qui est formel, aurait pu mettre à la retraite tous les sociétaires que, *lui ministre,* aurait jugés incapables.... et, en vertu des articles 61, 62 et 67, appeler au Théâtre-Français, pour remplir les vides faits dans les cadres du personnel, les artistes de Paris dont le talent est reconnu digne de notre première scène.

Cette décision si simple aurait eu l'avantage extrême d'éliminer les récalcitrans, d'une part, et de régénérer le théâtre tout à la fois.

On procéda différemment. Le Conseil-d'Etat fut saisi de la question de savoir s'il appartenait aux sociétaires ou à l'autorité supérieure de régenter le directeur. Evidemment, accorder ce droit aux sociétaires, c'était rendre toute direction impossible, attendu que le directeur ne peut être que le représentant de l'autorité. Oubliant que le Théâtre-Français est une propriété nationale, M. Samson, organe de la Comédie, prétendait que les sociétaires devaient arranger leurs affaires sans que nul pût s'en inquiéter, raisonnement impossible, en ce qu'il était en contradiction flagrante avec la subvention qui fait vivre les comédiens. Le gouvernement est le seul maître légal du Théâtre-Français, ce qui résulte de l'organisation et du contrat de société. L'Etat paie les dettes de la Comédie et assure les pensions. Comment, avec cela, concilier les prétentions des comédiens, qui se donnaient le droit de choisir un directeur, à l'exclusion du droit de l'Etat ?

Toute la presse parisienne prit une part active à cette question si grave, puisque de sa solution dépend encore l'existence de notre première scène littéraire; des critiques judicieux, des hommes érudits et compétens rappelèrent les termes du décret de Moscou et l'interprétèrent. D'après ce décret, la direction du Théâtre-Français appartenait au surintendant des spectacles; un commissaire impérial était chargé de transmettre aux comédiens *les ordres* du surintendant. La restauration vint substituer au surintendant un gentilhomme de la chambre; alors, sous ces deux régimes, la subvention facultative se payait sur la cassette du souverain.

Depuis 1830, l'Etat paie, et le ministre de l'intérieur a pris la place de surintendant; donc le directeur du Théâtre-Français ne pouvait relever que du ministre, et les conséquences du décret de Moscou étaient assez clairement démontrées.

A cette interrogation positive, les comédiens sont-ils responsables ou bien le ministre? la Commission du Conseil-d'Etat, ayant M. Maillard pour président, et M. Félix Réal pour rapporteur, répondit que l'administration, qui n'*était pas responsable* des dettes des sociétaires, ne pouvait modifier leur constitution sociale sans leur consentement; mais en même temps que l'autorité, en cas de résistance à ses vues, avait le droit de disposer du privilége en faveur d'une société *nouvelle*. — Malheureusement cette réponse ne tranchait pas le nœud gordien; elle donnait tort aux sociétaires en ayant l'air de leur donner raison. Déjà, en 1831, le Conseil-d'Etat avait décidé que l'Etat était responsable, et, en 1840, il se prononçait pour la responsabilité des comédiens. — Hippocrate dit oui, et Galien dit non.... On ne sortait pas d'un cercle vicieux.

Dans le but sans doute de hâter les événemens, les comédiens, à force d'obsessions intolérables, arrachèrent à M. Védel sa démission, qui fut envoyée au ministre. Le ministre la refusa. L'exaspération des meneurs était à son comble ; elle dépassait les limites des égards les plus ordinaires dus à tout homme honorable. Le ministre ne pouvait pas céder ; il fit dissoudre le Comité, et nomma une Commission pour examiner l'affaire. Cette Commission se composait de MM. Cavé, Félix Réal, Vitet et Dumont. Six sociétaires des plus anciens furent adjoints pour éclairer la Commission et pour répondre à des renseignemens indispensables : c'étaient MM. Monrose, Demousseaux, Saint-Aulaire, Beauvallet, Périer, Joanny.

La partie était belle et l'occasion unique. Par la volonté expresse et souveraine du ministre, M. Védel était maintenu. C'était le moment de retirer à la société révoltée son privilége et sa subvention pour rendre le tout à une société nouvelle. Cette mesure, la seule logique, ne fut pas adoptée.

Le résultat devenait facile à prévoir. Les comédiens qui avaient rédigé un *mémoire factum*, dans lequel ils bornaient l'intervention du gouvernement à payer leurs dettes, mais dans lequel aussi ils reconnaissaient que *d'un trait de plume le ministre avait le droit de supprimer la subvention*, attendu que, si les Chambres votent cette subvention, le ministre en *reste le dispensateur absolu;* les sociétaires, disons-nous, s'aperçurent que la dissolution du Comité n'était, en réalité, qu'une demi-mesure, et qu'ils pouvaient continuer à faire de l'opposition systématique à l'endroit de leur directeur. De son côté, M. Védel ne crut pas devoir continuer une lutte aussi pénible, et, le 5 mars 1840, il donna sa démission. Cette démission fut acceptée ; mais M. de Rémusat, le nouveau ministre, ne voulut l'accueillir que dans les termes les plus honorables et les plus flatteurs pour M. Védel, tout en formulant un blâme énergique sur la conduite et les procédés des sociétaires ; de sorte que cette démission, si désirée par les comédiens comme une victoire, fut pour eux, en définitive, une véritable défaite.

M. Védel se retirait donc de son plein gré avec les honneurs de la guerre. Sa retraite fut considérée comme celle d'un sociétaire, et sa pension réglée à 5,000 fr.

QUATRIÈME PARTIE.

RETOUR AU DÉCRET DE MOSCOU.—ADMINISTRATION DES SOCIÉTAIRES.

1840—1844.

Retraite de Mlle Mars.—Engagement définitif de Mlle Rachel. — Nombreux débuts. — Grave situation. — Les Burgraves. — Phèdre. — Judith.

SOCIÉTAIRES ACTUELS ET SOCIÉTAIRES RETIRÉS.

Nous avons pris notre point de départ en 1830, parce que de cette époque date, pour la Comédie-Française, une ère nouvelle, et, avec elle, l'esprit d'indépendance qui s'est emparé des comédiens, la confusion des pouvoirs, l'anomalie existant entre les vieilles idées du Comité et les conditions d'existence imposées à la Comédie par les exigences et la force des choses, telles que notre nouveau régime social les a faites ; enfin, parce que, depuis 1830, tout est changé dans le pays, excepté le Théâtre-Français, qui, s'il avait assimilé ses règlemens et sa constitution aux habitudes et aux idées actuelles, se trouverait à cette heure rajeuni et florissant.

Pour compléter les actes d'administration de M. Védel, et les faits qui tiennent à sa gestion, nous avons à rappeler un début, celui de Varlet, dans Arnolphe de l'*Ecole des Femmes*, et quelques représentations intéressantes à plus d'un titre. L'*Ecole du Monde*, d'abord, par un auteur *homme du monde*, et qui, par cette raison, si c'en est une, voulut garder l'anonyme. Personne n'ignorait cependant que M. de Waleski, rédacteur du *Messager*, était l'auteur du nouveau chef-d'œuvre, ainsi proclamé à l'avance par le grand monde parisien. Lue au Comité par Mlle Anaïs Aubert, sociétaire, l'*Ecole du Monde* (ce titre ne dit pas de quel monde il s'agit, et il semble que dans le monde il n'y ait qu'un monde), reçue avec fureur, soutenue, vantée, protégée par de hautes influences, par des célébrités littéraires qui en suivait avec complaisance les répétitions, par M. Victor Hugo, par M. Casimir Delavigne, l'*Ecole du Monde* n'obtint pas grâce devant le parterre, qui ne comprit rien aux personnages qui s'agitaient et parlaient sur la scène, et qui ne voulut pas croire que ce *monde-là* représenté était réellement celui qui existe, et le parterre avait raison. Menjaud, MM^{mes} Desmousseaux, Anaïs, Plessy, en furent pour leurs frais d'études, et une polémique s'engagea pour prouver que la critique et les journaux avaient eu le plus grand tort de méconnaître l'œuvre d'un *homme du monde*, d'un gentilhomme, lequel était journaliste cependant.

A titre de rachat de son congé, Mlle Mars donna ensuite une représentation à son bénéfice, qui se composait d'*Andromaque*, par Mlle Rachel, par Ligier dans le rôle d'Oreste, et la reprise du *Cercle*, jolie comédie de Poinsinet, laquelle n'était plus au répertoire depuis fort longtemps. Mlle Mars y jouait Araminte, Mlle Doze, sa charmante protégée, avait pris le même rôle que Mlle Mars avait joué autrefois, et Monrose, Périer, Menjaud, Mirecourt, Maillard, MM^{mes} Rabut, Dupuis et Noblet, complétaient l'ensemble.

Puis arriva la *Calomnie*, de M. Scribe, donnée le 20 février 1840; comme toujours, et à chaque apparition d'une œuvre nouvelle de notre premier auteur comique, une sévérité excessive voulut protester contre le succès; mais le succès l'emporta sur les raisons, et bien qu'on ait dû trouver beaucoup à reprendre dans l'ordonnance générale de la pièce, dans la prétention du titre que l'ouvrage ne justifia pas, il fallut se rendre à l'intérêt excité par l'intrigue, la gaîté du dialogue, l'habileté de l'arrangement. Firmin, très-supérieur dans le rôle d'un ministre intègre et honnête homme; Samson, Menjaud, MM^{mes} Desmousseaux, Anaïs et Plessy, méritèrent bien leur part des applaudissemens.

Ici, il faut placer ce qu'on appelait dans le public l'interrègne. Le ministre de l'intérieur, en acceptant la démission de M. Védel, avait rendu un arrêté qui replaçait provisoirement le Théâtre-Français sous l'empire du décret de Moscou. Le commissaire royal, étant chargé de tenir la main à l'observation des clauses de ce décret, représentait l'autorité, ce qui prouve assez clairement que les comédiens ne sont pas les maîtres; enfin, à côté du commissaire royal, le Comité des sociétaires se trouvait investi de l'administration, et l'on procéda immédiatement à la nomination de deux semainiers pour les détails intérieurs, le répertoire et l'exécution des décisions du Comité.

Cet état de choses, PROVISOIRE, dure encore à l'heure qu'il est, et l'interrègne existe toujours.

Sera-t-il éternel? Non ; car le Théâtre-Français en périrait. Au moins, une direction nouvelle viendra-t-elle bientôt mettre un terme à ce provisoire désastreux? Nous ne savons, mais nous appelons cette direction de tous nos vœux.

M. Védel, écrivait M. J. Janin, en mars 1840, quelques jours après le *triomphe* des comédiens : « M. Védel est l'homme le plus heureux du monde.... parce qu'il a brisé l'horrible joug auquel il était attaché depuis trois ans; parce qu'il est délivré à tout jamais de cette œuvre de ténèbres, et qu'il n'a plus rien de commun avec ces amours-propres féroces, avec ces talens négatifs, ces vieillesses de tout genre.... Il s'est retiré, parce qu'il n'a pas voulu être le valet des sociétaires, ni les gouverner malgré eux. »

En résiliant ses pouvoirs, M. Védel avait laissé au Comité deux grandes affaires sur les bras : l'engagement de Mlle Rachel et celui de Mlle Mars. D'un côté, les prétentions de Mlle Rachel ne faisant que croître et embellir; d'autre part, le grand nom de Mlle Mars imposant à la Comédie la nécessité de la payer honorablement, bien que ce nom illustre n'eût pas sur les recettes la même influence qu'autrefois. En ce qui concernait Mlle Rachel, il fallut bien en passer par toutes ses exigences, et l'engagement put se conclure enfin, pour un an, à raison de 27,000 francs de fixe, soixante-quatre feux de 281 fr. 25 c. chacun, ensemble 18,000 fr., la stipulation d'une représentation à bénéfice, estimée 15,000 francs, et trois mois de congé. — C'était royal. — Quant à Mlle Mars, la Comédie comprit que le talent de cette grande actrice devait être inséparable du grand répertoire, et Mlle Mars, de son côté, consentit à renoncer à certains de ses priviléges trop onéreux. En même temps, Mme Dorval, l'interprête indispensable de la nouvelle école, faisait sa rentrée dans *Chatterton*, et Mlle Doze était enfin sérieusement engagée. On traita aussi avec Mlle Dubois pour les premiers rôles tragiques, mais nous n'en parlons ici que pour mémoire.

Les sociétaires sentaient si bien le besoin qu'ils avaient de confier à d'autres soins que les leurs le gouvernement de leurs propres affaires ; ils étaient déjà si fatigués de leur intervention directe dans les choses administratives, que, s'ils n'ont pas supplié le ministre, à cette époque, de leur rendre un directeur, il ne faut en accuser que leur amour-propre, qui en aurait été par trop froissé. Pour ne pas ressembler, à s'y méprendre, aux grenouilles de la fable, lesquelles demandaient un roi pour le répudier ensuite, et dans la crainte surtout d'avoir à subir le même sort, on imagina un terme moyen : rester les maîtres du terrain et confier la besogne à un gérant. M. Laurent, inspecteur du théâtre, depuis de longues années employé de la Comédie, connaissant parfaitement tous les rouages de la machine et les mille détours de la maison, parut excellent pour remplir les fonctions de régisseur-général, et on y pensait sérieusement. Par malheur, M. Laurent se pressa trop. Il oublia que les comédiens voulaient bien consentir à une chose raisonnable, mais qu'ils n'entendaient pas y être forcés. Tous les journaux publièrent, en forme de note indiscrète, que M. Laurent était nommé régisseur-général du Théâtre-Français. Cette publicité donnée à un fait qui n'était pas encore consommé exaspéra les sociétaires, et M. Laurent dut renoncer à l'exercice de ses nouvelles fonctions.

En même temps, il se faisait un grand bruit dans les hautes régions de la littérature. La Comédie-Française allait jouer un drame de George Sand ; l'auteur d'*Indiana*, de *Jacques*, de *Valentine*, et de tant d'autres chefs-d'œuvre qui feront époque dans l'histoire des lettres. George Sand, cette femme sublime, le premier écrivain de notre temps, sans contredit, allait entrer dans la lice, et il s'agissait de savoir si la haute intelligence qui avait conçu tant de nobles caractères, analysé tous les sentimens, et fait agir tant de passions, aurait la faculté spéciale nécessaire aux œuvres de théâtre, et si cet esprit hors ligne dans le roman apporterait sur la scène le même degré de supériorité. — *Cosima*, drame en cinq actes, avec prologue, fut joué enfin, et, en raison de l'attente générale, ne réalisa qu'une déception. Le sujet, c'est la lutte éternelle entre le devoir et l'amour, sujet bien souvent traité sur la scène, et presque aussi ancien que le théâtre en France. Disons que le public, exigeant beaucoup de l'auteur, et ne trouvant pas dans la pièce l'excentricité, la hardiesse paradoxale, la bizarrerie qu'il attendait, nous ne savons guère pourquoi, s'en prit à *Cosima* de ses espérances déchues. Disons aussi que le style de l'œuvre, bien qu'il ne soit pas à la hauteur du style de George Sand elle-même, est cependant très-supérieur à la plupart des ouvrages de théâtre que l'on fabrique aujourd'hui, que les caractères sont vrais et naturels, mais que le défaut capital repose tout entier dans une action embrouillée, languissante et sans intérêt. Beauvallet, Menjaud, Joanny, Varlet, Maillard, Mme Dorval, remplissaient les principaux rôles. Bref, *Cosima* n'éprouva qu'une chute, non pas tant par le fait du drame qu'à cause du nom de son auteur, dont le génie indépendant avait soulevé trop de tempêtes pour pouvoir compter sur l'indulgence à laquelle il avait droit.

De gaîté de cœur, la Comédie-Française crut devoir se séparer de Mlle Dupont, admise à la retraite, à partir du mois d'avril 1840 ; nous disons de gaîté de cœur, parce Mlle Dupont était la seule soubrette en état de tenir le répertoire, et qu'elle pouvait rendre encore des services importans. Une bonne soubrette est chose rare, et pour tenir l'emploi avec honneur, il faut un acquit, une verve, une assurance, une expérience qu'une longue pratique seule peut donner ; d'ailleurs, Dorine et d'autres rôles s'accommodent mal de la timidité d'une jeune fille, et veulent une actrice consommée. Les sociétaires firent remonter jusqu'au ministre la responsabilité d'une décision qui privait le théâtre d'un de ses plus fermes appuis, et l'économie de 10,000 fr. résultant de la mesure ne fit pas remplacer Mlle Dupont, qui composa sa représentation de retraite avec *Polyeucte* et le *Tartufe*. Beauvallet, qui s'est élevé à une grande hauteur dans le rôle de Polyeucte, Ligier, qui composa avec talent le rôle de Sévère, Mlle Rachel dans Pauline, rôle nouveau pour elle, avaient déjà rendu à l'admiration publique un des plus beaux ouvrages de Corneille, mais le piquant de la soirée était tout dans *le Tartufe*, jouée par Mlle Mars (Elmire), Ligier, qui abordait pour la première fois le rôle de Tartufe, et qui s'en tira avec honneur, Firmin (Damis), et Samson (Cléante). — Recette : 12,268 fr. Enfin, la pension de Mlle Dupont, qui comptait trente années de service, fut réglée à 7,500 fr.

Faure, ancien régisseur de la Comédie-Française, dont il faisait partie depuis 27 ans, se retira également. Faure avait eu du talent, et était encore une de ces utilités dont le public ne tient pas compte, et qui n'en ont vraiment que plus de mérite réel. Sa représentation eut lieu à l'Odéon, avec Mlle Rachel dans *Bajazet*, et *Valérie*, jouée par Mlle Plessy. Les admirateurs de Mlle Mars poussèrent des cris lamentables, et il est vrai de dire que *Valérie* sans Mlle Mars n'eût pas existé ; mais que répondre à MM. Scribe et Mélesville, qui écrivaient au Comité que leur intention formelle était de confier à l'avenir le rôle de Valérie à une jeune personne? Se conformer au droit des auteurs, ce qui fut exécuté.

En attendant les pièces nouvelles, les reprises se succédaient : *Hernani*, *la Maréchale d'Ancre*, de M. Alfred de Vigny, *Henri III*, *Chacun de son côté*, de M. Mazères, *la Popularité*, reparurent sur l'affiche, et se jouèrent quelquefois. Mais c'étaient autant de travaux inutiles et sans résultats, comme argent, et c'est une chose bien remarquable et d'un enseignement éloquent que la stérilité de toutes les reprises des ouvrages modernes. Combien parmi eux ont pu résister au temps et à une exhibition nouvelle ? Bien peu assurément.

Débuts : Une soubrette, Mlle Daussin. — Trois jeunes premiers rôles tragiques, MM{lles} Lesueur, Begbeder et Laurent. — Une grande coquette, Mlle Restout. — Une jeune première, Mlle Denain. — Une duègne, ou caractères, Mlle Thierret. — Une reine mère, Mme Baptiste, femme de talent. — Un raisonneur, M. Mainvielle. — Un jeune comique, M. Riché. — Un amoureux, M. Paul Laba. Le tout ne fit qu'entrer au théâtre, pour en sortir. Les sociétaires étaient bien décidés à n'engager personne, et ces apparitions multipliées ne se faisaient que pour la forme. — Il est étrange d'ailleurs que le Comité se soit toujours obstiné à n'admettre aux débuts que des élèves du Conservatoire, bien que le Comité sache parfaitement que des élèves ne sont pas des comédiens, et que le Théâtre-Français n'est pas une école. De cette manière, les sociétaires ne craignent pas la concurrence de la comparaison. En dehors du Conservatoire, soyez sûr qu'un talent déjà formé n'est admis à la Comédie-Français que par la force des choses, ou parce qu'il est imposé. — Retour de Bouchet, après une absence de quelques années; ancien pensionnaire du Théâtre-Français, Bouchet rentrait plus sûr de lui-même, et avec plus d'acquit et d'habitude des premiers rôles. *Le Chef d'œuvre Inconnu, le Tartufe, le Misanthrope* servirent successivement à ses débuts, qui ne furent pas suivis d'un engagement. — En revanche, et pour suppléer Joanny, la Comédie, qui n'avait pas voulu de Guyon, lors son premier essai, en vînt à lui faire des propositions que Guyon n'accepta qu'à la condition d'être reçu sociétaire. Cependant M. Guyon, acteur de l'Ambigu-Comique, était tout à fait, vis-à-vis du Théâtre-Français, dans les mêmes conditions que quelques années auparavant, et ce n'est pas lui sans doute qui avait tort. Au lieu de garder Guyon, lorsqu'il débutait, dans le but de le former au répertoire et à son emploi, on le repousse, on le renvoie au mélodrame, et quand la nécessité y oblige, on s'empresse de l'aller quérir, et on fait un sociétaire du même acteur repoussé d'abord comme pensionnaire insuffisant. Guyon a des qualités de tragédien incontestables; mais il n'a pas encore abordé les rôles de pères nobles de comédie, qui ont toujours été annexés à l'emploi des rois. Il en est résulté que Joanny, comme *père noble*, n'a pas été remplacé.

Parlerons-nous des pièces nouvelles venues après la *Calomnie*? L'indication de leurs titres doit suffire comme renseignement. Les *Souvenirs de la marquise de V...*, de M. Fournier, comédie assez bien faite, et qui eut le bonheur d'être jouée par Mme Desmousseaux ; *Japhet ou la Recherche d'un Père*, par MM. Scribe et Vanderburck ; *Eudoxie ou le Meunier de Harlem*, de M. Théaulon ; *Latréaumont*, de MM. Eugène Sue et Dinaux, drame dans lequel Beauvallet se fit applaudir. Ainsi, non pas seulement la comédie de genre, mais bien aussi le vaudeville véritable, envahissaient de plus en plus la scène française ; ainsi, à des acteurs d'un mérite trop contestable pour jouer avec supériorité la comédie littéraire, il fallait des petites pièces d'une valeur secondaire, et conçues de manière à ne pas écraser leurs interprètes. Le vaudeville venant à manquer, le Théâtre-Français en était descendu à accepter d'un écrivain à la mode la seconde édition d'un roman de qualité au moins douteuse ; le Théâtre-Français ouvrait ses portes à la spéculation, en acceptant et en représentant *Latréaumont*, quand sa mission formelle était et sera toujours de favoriser les idées premières, les œuvres d'art et d'imagination. *Latréaumont*, pièce de théâtre, n'a rien de commun ni avec l'imagination, ni avec l'art ; c'est un roman dialogué. Une fois lancé dans cette voie funeste, pourquoi le Théâtre-Français n'aurait-il pas reçu et joué *Mathilde*, du même auteur ? Laquelle des deux scènes est le Théâtre-Français, la scène de la rue Richelieu ou la Porte-Saint-Martin ?

Pour profiter de la maladie grave qui tenait Mlle Mars éloignée du théâtre depuis six mois, et du congé que Mlle Rachel exploitait à Lyon, où elle recueillait plus que des bravos, puisqu'elle en a rapporté une couronne d'or, la Comédie-Française ferma ses portes pendant un mois, et répara quelque peu ses peintures et ses dorures, et ne rouvrit que pour la rentrée de Mlle Mars, qui reparut dans le *Misanthrope*, avec Menjaud (Alceste), et les *Fausses Confidences*, avec Samson (Dubois). Pourquoi Samson ? et qu'était devenu ce sémillant Monrose, à l'œil vif et perçant, au rire si entraînant et si plein de verve ? Hélas ! une tristesse mortelle s'était emparée de cet esprit charmant et jovial ; une maladie noire, une langueur morale menaçaient cette intelligence charmante ; Monrose avait déjà besoin de calme, d'oubli et de repos.

L'année 1840 devait finir par un succès, dû encore une fois à l'habileté de M. Scribe, le *Verre d'Eau*, vrai tour de force dramatique, nouvelle preuve de la ressource infinie de l'esprit de l'auteur le plus fécond de notre époque, paradoxe singulier, mis en scène et développé avec bonheur pendant cinq actes ; le *Verre d'Eau*, dont l'idée première repose sur ce principe au moins contestable, que les plus grands effets proviennent souvent des plus petites causes, obtint la réussite particulière aux œuvres de M. Scribe, réussites contestées au point de vue littéraire, mais qu'il faut accepter au point de vue de l'intérêt et de la curiosité. Certes, M. Scribe semble avoir pris à tâche de répéter activement et sans cesse l'axiôme si connu de Molière, que le meilleur ouvrage de théâtre est celui qui plaît le mieux. Il est vrai que M. Scribe plaît et réussit aux dépens de la vérité et de la vraisemblance, et dans le *Verre d'Eau* plus qu'ailleurs, et qu'il semble avoir accompli toute sa tâche lorsqu'il a surmonté une difficulté inabordable ; dans ce sens, ses contemporains l'approuvent et l'applaudissent, mais la postérité sera plus justement exigeante et sévère. Menjaud, Maillard, MM[mes] Mante, Doze et Plessis jouaient dans le *Verre d'Eau* et avec talent les principaux personnages.

— De son côté, M{^{lle}} Rachel augmentait son répertoire du rôle de Marie Stuart dans la tragédie de ce nom, de M. Lebrun. Vouée jusqu'alors au culte des chefs-d'œuvre classiques, M{^{lle}} Rachel abordait les productions modernes par un choix que le mérite de l'ouvrage ne justifie qu'imparfaitement. Un certain intérêt politique et le talent des acteurs avaient jusqu'alors maintenu *Marie Stuart* à la Comédie-Française, et la juste faveur dont jouit M{^{lle}} Rachel auprès du public a donné à l'œuvre académique de M. Lebrun quelques jours glorieux de plus. Tout d'abord, M{^{lle}} Rachel n'a point été complète dans ce rôle tendre et résigné de l'intéressante reine d'Ecosse ; à la longue, seulement, elle en a pris le diapazon, si l'on peut s'expliquer ainsi, et les allures nobles et touchantes ; et, bien que la jeune tragédienne soit devenue une Marie Stuart très-supérieure, elle ne peut pas ranger ce personnage au nombre de ses conquêtes légitimes et incontestées.

Cartigny, premier comique, ex-sociétaire, retiré depuis 1830, voué, depuis cette époque, en Belgique, aux chances hazardeuses des exploitations théâtrales, revint donner sa représentation de retraite, composée surtout de la *Jeunesse d'Henri IV*, de M. Alex. Duval, et dans laquelle

Mlle Doze joua, pour la première fois, la jolie Bettly.

Il s'en fallait de beaucoup que l'administration des sociétaires fût prospère et marquée au cachet de l'habileté. M. Buloz n'était pas homme à éclairer les comédiens de ses lumières et de son expérience; cependant, les sociétaires, en reconnaissance des services que leur commissaire royal ne rendait pas, contribuèrent, pour leur part, à l'augmentation du traitement de M. Buloz, qui fut porté de 6,000 à 12,000 fr.

Avec l'année 1841 commence la voie de décadence rapide dans laquelle est entrée la Comédie Française, par le fait des évenemens indépendans de sa volonté d'abord, et parce que ces événemens avaient à s'accomplir, et plus encore par le fait de la malheureuse gestion du Comité. Les premiers mois furent heureux, sans doute, mais heureux en résultats bien éphémères : les représentations de Mlle Mars et *le Verre d'Eau* réalisèrent, en janvier et février, plus de 200,000 francs de recettes, et cette bonne fortune, due au hasard et à des circonstances particulières, sauvait la Comédie-Française, s'il y avait eu quelque chance pour que cette bonne fortune pût se prolonger. — Mais comme tous les ouvrages qui excitent plus de curiosité que d'admiration ou de sympathie, la vogue du *Verre d'Eau* s'épuisa, et Mlle Mars, arrivée au terme de sa carrière brillante, parlait sérieusement de sa retraite définitive. Le fait est que Mlle Mars, malgré son immense talent, n'avait plus d'influence réelle et lucrative sur les recettes qu'à l'aide de ses rentrées trop souvent multipliées, et l'annonce toujours répétée de sa retraite. Le moment en était donc venu. Selon la constante habitude et les sentimens ordinaires des sociétaires, cette détermination de la grande actrice fut acceptée avec joie, principalement par la partie féminime du théâtre. L'astre allait s'éclipser, et l'on pouvait espérer glaner à l'aise dans son emploi, et ne plus avoir à redouter des comparaisons malheureuses. D'ailleurs, Mlle Mars coûtait fort cher, en raison de l'argent *qu'elle rapportait,* et tout devait donc, *après elle,* marcher pour le mieux. Mlle Mars, de son côté, ne voulut pas comprendre sa gloire véritable. Elle voulait mourir sur la brèche comme elle avait commencé, le sourire sur les lèvres, radieuse encore de *ses vingt ans.* Elle a eu tort, la grande actrice, puisque la concession de quelques années de plus et un changement d'emploi pouvaient conserver à la scène française un modèle que la comédie a perdu à jamais.

Monrose venait de rentrer dans le *Barbier de*

Séville, et Mlle Mars commençait pour la dernière fois la série de ses rôles charmans, dont elle avait fait des compositions exquises, et parmi lesquels trois ou quatre garderont son cachet inaltérable de goût aimable, de bonnes manières et d'adorable diction. Il est bien difficile de rappeler toutes les émotions des deux dernières soirées de Mlle Mars..... séparation cruelle de la plus grande comédienne de ce temps et du public qui adorait l'actrice, et en elle la personnification de la comédie du dernier siècle... Les comédiens français, tous rangés, hommes et femmes, sur le théâtre, voulurent assister au dernier appel de Mlle Mars, hommage étrange, insolite et improvisé. On venait de jouer *Tartufe* et *le Jeu de l'Amour*, puis vint enfin la représentation de *retraite*, avec *le Misanthrope* et *les Fausses Confidences*... Jamais Mlle Mars n'avait été plus belle, plus ravissante, jamais elle ne s'était approchée davantage de la perfection. Il fallait bien se séparer de tant de grâce, de cette rare intelligence, de tant de tact, de talent et de goût, de cet organe enchanteur, toujours frais et jeune, et la soirée du 15 avril 1841 sera pour longtemps, si ce n'est pour toujours, un jour néfaste et marqué de noir au Théâtre-Français. Mlle Mars avait accompli quarante-huit années d'une carrière presque unique au théâtre ; avec elle, l'expression vraie de la comédie avait disparu. Nous ne reverrons plus, dans les mêmes conditions, du moins, un talent aussi accompli. Mlle Mars n'aura pas plus de rivales dans l'avenir que Molé et Fleury n'auront de successeurs. L'art, en tant que peinture exacte des mœurs, ne retourne pas en arrière ; la tragédie, galvanisée par le génie inspiré de Mlle Rachel, pourra retrouver un Talma ; la tragédie, c'est de l'histoire, comme elle est l'expression des sentimens et des passions du cœur humain ; mais la comédie doit représenter une époque, et la comédie de Mlle Mars, la comédie du dix-huitième siècle, est morte, par ses interprètes, comme la société dont elle était le reflet. — Mais, dites-vous, *le Misanthrope* et *le Tartufe* ? — *Le Misanthrope* et *le Tartufe* sont des caractères, des types immuables ; il suffit d'être vrai pour y être supérieur, et ni Célimène, ni Elmire n'ont été les plus parfaits fleurons de la couronne de Mlle Mars. — Molière doit être éternel, mais Marivaux n'existe plus.

Après Mlle Mars, d'autres sociétaires rentrèrent dans la vie privée. Joanny, Guiaud, Saint-Aulaire prirent, eux aussi, leur retraite. Saint-Aulaire, de l'école dite des beaux diseurs, comédien insouciant et monotone, qui aurait obtenu des succès s'il y avait eu en lui du feu sacré ; Saint-Aulaire, depuis 1820 attaché au Théâtre-Français, en sortait avec ce flegme imperturbable qui ne l'a jamais abandonné. Guiaud, débutant de 1818, et reçu en 1821, était un financier très-convenable ; il avait de la rondeur, et pouvait compter au nombre de ses bons rôles Turcaret, Orgon et l'Avare. La Comédie autorisa Guiaud à jouer ailleurs, et depuis lors Guiaud fait partie du Grand-Théâtre de Rouen. Quant à Joanny, il faut le considérer comme le dernier père noble du Théâtre-Français. Il avait de l'ampleur, du chevaleresque dans certains grands rôles de la tragédie, beaucoup de profondeur et de sensibilité. Très-remarquable dans Auguste, de *Cinna*, il apportait un pathétique vrai dans les pères nobles de la comédie, *le Père de Famille*, *le Philosophe sans le savoir*, *Eugénie*, ses meilleurs rôles, sans compter ses très-remarquables créations.

Représentation de retraite de Mme Menjaud, qui réalise 9,700 fr. de recette, avec un spectacle ordinaire, et dans lequel elle ne jouait pas.

Cependant, le Théâtre-Français n'avait pas encore terminé un acte d'une extrême importance, nous voulons parler de l'engagement de Mlle Rachel, qui restait le seul élément sérieux pour les résultats financiers de la Comédie. La conclusion de semblable affaire était difficile : d'une part, il fallait mettre un terme au renouvellement annuel d'un traité de plus en plus compliqué; d'autre part, en s'attachant pour de longues années Mlle Rachel, en la rétribuant selon ses mérites, il fallait lui laisser la faculté de gagner forcément son traitement magnifique, et l'obliger, dans son intérêt propre, à aider de tous ses efforts à la prospérité du théâtre. Malheureusement, ce n'est point ainsi que les choses se sont passées. Mlle Rachel a été reçue sociétaire, avec la part énorme de 42,000 fr., bien entendu garantis sur la subvention, et trois mois de congé.

L'opération est désastreuse, ni plus ni moins. En la gardant comme pensionnaire, le Théâtre-Français était libre de doter Mlle Rachel, son talent hors ligne, aussi richement que l'influence de la tragédienne sur le public est incontestable, surtout avec la condition de feux applicables à chaque représentation ; mais recevoir Mlle Rachel sociétaire, sans autre condition que celles communes aux co-associés, avec une part trois ou quatre fois plus forte, c'est de l'imprudence bien caractérisée. Que Mlle Rachel devienne un jour très-inférieure à elle-même, ses priviléges ne changeront pas. D'ailleurs, une société peut bien accepter une forte charge, en dehors d'elle-même;

mais, jusqu'à un certain point, elle ne peut pas, avec justice, faire à l'un de ses membres une position exceptionnelle. Qui dit sociétaire ou associé, dit chances égales ; et, certes, pour Mlle Rachel, elles ne le sont pas. Et que dirait la Comédie-Française s'il survenait un tragédien jouissant de la même réputation que Mlle Rachel, une comédienne très-distinguée, un premier rôle de grand mérite, et que ces talens divers, traitant avec le Comité, voulussent exiger pour leur engagement la condition expresse de les recevoir sociétaires avec une part de 42,000 fr.? La subvention tout entière passerait donc dans les mains de quatre personnes ? Que deviendrait alors le Théâtre-Français ? En résumé, ce qu'il était permis à un directeur de faire à l'égard de Mlle Rachel ne devrait pas exister vis-à-vis de Mlle Rachel, sociétaire du Théâtre-Français.

Passons au répertoire des nouveautés interrompues par le succès du *Verre d'Eau*. La marche s'ouvre par *le Second Mari*, petite comédie en trois actes de M. Félix Arvers, jouée par Samson, MM^{mes} Anaïs et Denain, et *le Conseiller-Rapporteur*, comédie anonyme, avec un prologue de M. Casimir Delavigne. C'était, disait-on, un vieux manuscrit retrouvé d'un auteur inconnu, une comédie du bon temps, avec sa gaîté et son gros rire égrillard, ses farces trop grossièrement indiquées. Hélas! le poète inconnu était bien réellement M. Casimir Delavigne, l'auteur de *l'École des Vieillards* et des *Enfans d'Edouard*. Sans doute, son goût épuré et sa discrétion habituelle lui faisaient presque une loi de rejeter la responsabilité de sa nouvelle fantaisie; mais le secret de la comédie ne fut pas assez bien gardé. *Le Conseiller-Rapporteur* est un pastiche, une imitation pas assez heureuse d'un genre qui n'est plus. Samson, Régnier, Firmin, Provost, Périer, Mlle Anaïs, firent tous leurs efforts pour faire valoir cette tentative hardie. Et malgré la franche gaîté de quelques scènes, l'ouvrage dut retourner dans la retraite poudreuse d'où il n'aurait peut-être pas dû sortir.

M. Alexandre Soumet, lui aussi, eut la pensée d'un essai, celui de faire représenter le même soir deux pièces nouvelles; *le Gladiateur*, produit de la collaboration de l'auteur avec Mme Marie d'Altenheim, sa fille, et *le Chêne du Roi*, comédie en trois actes et en vers. Cette double représentation réalisa un double succès. *Le Gladiateur*, qui contient de beaux vers et de belles situations, était joué d'une manière remarquable par Ligier et Mlle Doze, qui essayait de la tragédie pour la première fois.

La Protectrice, petit acte en prose de M. Emile Souvestre, écrit avec grâce, où l'on trouvait d'heureux détails, et qui était joué par Samson, Régnier, MM^mes Mante et Doze, précéda de quelques jours *Un Mariage sous Louis XV*, de M. Alexandre Dumas. Quelques mots à propos de ce dernier ouvrage ne seront pas inutiles.

Essayer de renouveler le succès de *Mademoiselle de Belle-Isle*, c'était un désir fort louable de la part de l'auteur, qui aurait retiré d'une seconde réussite honneur et profit, et c'était aussi un vœu très-légitime de la Comédie-Française, puisqu'il lui fallait encore un succès à tout prix. Mais, désirer et obtenir, c'est bien différent. Il n'y avait dans *Un Mariage sous Louis XV*, ni élémens dramatiques, ni action, ni imagination. La chute fut complète, et l'examen qui fut fait de l'ouvrage fut très-sévère. Cependant, Firmin avait été délicieux dans le comte de Candole, et Périer, Régnier, MM^mes Anaïs et Plessy avaient réuni tous leurs efforts. Remarquez cependant la voie funeste dans laquelle était entré notre premier théâtre, complétement assimilé, à cette heure, aux scènes de genre et de second ordre qui abondent dans Paris. Lorsque la Comédie-Française existait autrement que de nom, la représentation de son répertoire classique formait la base de ses ressources, et l'exploitation seule des grandes richesses littéraires dont elle avait le monopole assurait son existence matérielle et morale. La Comédie possédait les deux premiers élémens de tout théâtre bien organisé ; un personnel le plus nombreux et le plus remarquable en talens divers, et un répertoire de chefs-d'œuvre parmi lesquels on n'avait guère que l'embarras du choix. Les nouveautés s'attendaient donc patiemment, et c'était un grand honneur pour les plus hautes renommées littéraires de présenter un ouvrage de valeur à la Comédie-Française, d'y être reçu et d'y être joué. Aujourd'hui, ces temps ne sont plus, et l'on persiste à appliquer à une institution dont la marche et le but ont dévié, des règlemens et des principes qui ne sont plus en harmonie avec son système et ses procédés. L'honneur qui s'attache à la représentation scénique d'une comédie, d'une tragédie ou d'un drame, n'est plus pour l'auteur que le Théâtre-Français accepte, mais bien pour le Théâtre-Français, qui sollicite et marchande auprès des auteurs, afin d'obtenir, grâce extrême, des œuvres dont trop souvent leurs auteurs n'ont pu tirer un meilleur parti. Que résulte-t-il de cette honteuse méthode ? une conséquence rigoureuse. C'est que l'auteur sollicité pour *livrer* une comédie ne s'inquiète que de l'engagement matériel qu'il a pris, et fort peu de la destinée d'une œuvre dont on lui paie d'avance le prix. Vous voulez une comédie? en voici une. Maintenant, est-elle bonne, est-elle mauvaise, ce sont vos affaires et non pas les miennes, et de ceci je m'en lave les mains; j'aurai ma prime, tant de représentations assurées, le succès obligé de la curiosité et des réclames, il ne me faut que cela. Quant à la prospérité du théâtre, c'est le moindre de mes soucis.

Il est évident que le grand répertoire classique pour la comédie, aujourd'hui, plus que pour la tragédie, ne peut plus être joué honorablement. Il est évident que le Théâtre-Français a besoin de nouveautés pour alimenter la curiosité publique. Le Théâtre-Français procède donc dans les erremens qu'il continue à suivre, par le fait de la nécessité. Un succès épuisé en amène un autre. L'ouvrage réussi la veille rentre ensuite dans les cartons pour n'en plus sortir; de cette manière, les cadres du répertoire sont vides constamment. Après *la Calomnie*, le *Verre d'Eau;* après *M*^{lle} *de Belle-Isle*, *Un Mariage sous Louis XV*, et ainsi toujours; cependant la Comédie-Française n'en a pas gagné ni un écu, ni un titre de gloire de plus. Bien au contraire, son importance diminue de jour en jour.

Pour renouveler le personnel de plus en plus affaibli, la Comédie ouvrit la série des débuts, et, pour rester fidèle à ses principes et à ses intérêts, le Comité, presque entièrement composé de professeurs de déclamation, au Conservatoire ou ailleurs, n'admit à l'honneur de débuter, sauf quelques exceptions assez rares, que des élèves de MM. tels ou tels, dont la faiblesse et l'inexpérience devaient servir du moins à faire ressortir le talent des sociétaires. Ainsi, dans la tragédie, s'essayèrent successivement : Mme Lemasson, reine-mère ; Mlle Fitzjames, premier rôle tragique ; Mme Renaud, reine-mère distinguée ; dans la comédie : MM. Milon, Drouville, Munié, Darisse, Leroux, Mme Pastelot, M. Eug. Rieux, premier rôle tragique ; Darcour, père noble ; Tony, troisième rôle et raisonneur ; Mme Halley, plus qu'insuffisante pour un premier emploi tragique, avait été engagée avant ses débuts.—Combien, dans ce nombre, ont survécu? Leroux est à cette heure pensionnaire assez inconnu de la Comédie-Française ; Milon, engagé d'abord, s'en est séparé violemment, nous dirons tout à l'heure pourquoi Milon a de l'avenir ; lui et Darcour font maintenant partie du Second-Théâtre-Français. Mlle Fitzjames a eu un véritable succès à Rouen.

Appelée à prendre sa part de l'emploi laissé vacant par Mlle Dupont, une charmante jeune personne, Mlle Augustine Brohan, se posa tout d'abord avec de grands avantages dans l'esprit du public et des connaisseurs. Elève de Mlle Brohan, sa mère, de gracieuse mémoire, Mlle Augustine apportait à la scène cette distinction, cet enjouement, cette finesse, parties distinctives du talent de cette remarquable actrice, que le Vaudeville regrette et que la Comédie-Française devrait regretter plus encore. Les débuts de la jeune soubrette furent brillans, et sa réception comme pensionnaire les suivit de près.

Nous placerons ici, pour y revenir selon l'occasion, les début de Mlle Emilie Guyon, dans le rôle de Dona Sol, d'*Hernani*, et de Mlle Héléna Gaussin, médiocre et prétentieuse tragédienne, que la Comédie-Française ne pouvait accepter.

Cependant Mlle Rachel ne pouvait pas à elle seule porter tout le fardeau du répertoire tragique; il fallait, soit pour la remplacer, soit encore pour aborder certains rôles, que le moment n'était pas venu pour elle d'adopter, une actrice capable de figurer honorablement à côté de la grande tragédienne. Mlle Maxime se présenta, et, par la force seule de sa volonté, elle força l'attention publique. Mlle Maxime, en effet, après plusieurs essais infructueux, à quelques années de distance, entrait au Théâtre-Français avec des qualités extérieures fort négatives. Peu de noblesse dans la physionomie, dans l'attitude, dans le geste, un organe grêle et une émission de voix difficile, disposaient peu en sa faveur; mais, à côté de ses défauts physiques, il y avait, nous l'avons dit, une grande puissance de volonté, beaucoup d'âme, de la sensibilité, de l'élan, une grande hardiesse, des études opiniâtres. Mlle Maxime abordait franchement la difficulté. Emilie de *Cinna*, Aménaïde de *Tancrède*, servirent à ses débuts. Elle fit plus. Un rôle que Mlle Rachel n'avait point essayé encore, un rôle qui entraîne avec lui une responsabilité immense, Phèdre, en un mot, Mlle Maxime osa s'en emparer, et elle y produisit une sensation profonde. Si bien que certains de ses amis, et, pour les artistes, ces amis-là sont plus funestes que tous les ennemis possibles, crièrent au miracle, et n'imaginèrent rien de mieux que de poser Mlle Maxime en rivale avouée de Mlle Rachel. Ainsi, ce qui méritait de chauds encouragemens, d'honorables suffrages et de vives sympathies, fut exalté outre mesure aux dépens, cela va sans dire, des intérêts et de l'avenir de l'actrice préconisée. Le Théâtre-Français, encouragé par ces éloges, pensa à réaliser quelques recettes, en mettant dans la même pièce Mlle Rachel et Mlle Maxime en présence l'une de l'autre. *Marie Stuart* servit de champ clos aux combattans. Mlle Rachel, dans Marie, et Mlle Maxime, dans Elisabeth, commencèrent une série de représentations, dont l'issue, quant à la lutte engagée, ne devait pas être douteuse, puisque le talent que donne l'étude seule ne peut pas entrer en lice avec le génie prédestiné. Quoi qu'il en soit, le combat, dans tous les cas, devait placer très-haut Mlle Maxime dans l'esprit des sociétaires ; et cependant jamais le Comité ne voulut consentir à engager Mlle Maxime, il fallut l'intervention directe du ministre, tant les sociétaires sympathisent peu avec tout ce qui n'est pas euxmêmes ou leurs œuvres. Grâce à de hautes influences parlementaires, d'une part ; grâce encore à l'art. 67 du décret de Moscou, dont l'application n'était ici que justice, Mlle Maxime fut admise, pour un an, au nombre des pensionnaires du Théâtre-Français, avec 3,000 fr. d'appointemens.

Toutes ces apparitions de sujets nouveaux pour la Comédie-Française variaient la monotonie et la tristesse d'un répertoire vide et décousu. La *Prétendante*, de MM. Eugène Sue et Dinaux, était tombée lourdement, d'abord en cinq actes, ensuite en trois actes, avec Geffroy,

Samson, MM^{mes} Noblet et Anaïs pour interprètes. On essaya de la reprise de la *Mère et la Fille*, avec Geffroy, Monrose, Mlle Noblet, Régnier, Mirecourt et Mlle Doze, ravissante dans le rôle de Fanny. Puis vint la reprise du *Grondeur*, de *Brueys et Palaprat*, avec Joannis, Monrose, Armand Dailly et Mlle Brohan ; la *Petite Ville*, de Picard, et Mlle Anaïs s'aventura un beau soir dans le rôle de Sylvia des *Jeux de l'Amour et du Hasard*. Mlle Anaïs pensait sans doute que Mlle Mars était déjà oubliée. Mais le public a plus de mémoire que quelques comédiens ne le veulent penser.

Un ouvrage, reçu et joué à titre d'encouragement, et qui méritait plus d'honneur, *Vallia*, tragédie en cinq actes, de M. Latour de Saint-Ybars, renfermait, malgré l'inexpérience scénique de l'auteur, de grandes beautés de détails ; le style en était pur, d'une grande élévation, et rempli de poésie ; l'élément religieux y dominait. Cette tragédie, représentée après avoir été reçue, grâce à quelques corrections que l'auteur imposa à son œuvre, avec toute la douceur et la modestie qui caractérisent les hommes d'un vrai talent, et dont la pensée religieuse était d'une haute portée morale, eut un véritable succès. Guyon, qui jouait le principal rôle, était remarquable surtout par la manière dont il disait les stances *sur la nuit*, lesquelles étaient une des belles parties poétiques de la pièce. Malgré le succès de cet ouvrage, véritable événement littéraire, *Vallia* ne fut joué que huit fois, et M. Latour, découragé, n'a plus rien fait depuis cette époque. Disons que le ministère des beaux-arts, dans cette circonstance, a bien rempli son mandat en offrant une gratification au jeune et intéressant auteur, qui ne voulut pas l'accepter, et qui préféra *des livres* que le ministre lui fit donner.

Reprise d'*OEdipe*, par Ligier. Mlle Héléna Gaussin se montra fort insuffisante dans le rôle de Jocaste. La Comédie s'est bien gardée d'engager Mlle Gaussin.—Mlle Plessy s'emparait, de son côté, de *Mademoiselle de Belle-Isle*, et s'en tirait de son mieux.

Reprise de la *Fille du Cid*, de M. Casimir Delavigne. Jouée pour la première fois au théâtre de la Renaissance, cette tragédie de l'auteur de la *Popularité* avait soulevé de hautes critiques, et avait obtenu, malgré cela, ou peut-être à cause de ces critiques même, un grand retentissement. Comme tous les ouvrages du même auteur, présentés d'abord à la Comédie-Française, pour y revenir ensuite, la *Fille du Cid* imitait l'exemple des *Vêpres Siciliennes*, des *Comédiens* et de *Ma-*

rino Faliero. Guyon, très-beau vieillard dans le Cid, et Mlle Emilie Guyon, gardèrent les rôles qui leur étaient échus à la salle Ventadour. Aux Français, Ligier, Firmin et Beauvallet complétaient un fort bel ensemble. Cette tragédie cependant ne s'est pas soutenue au répertoire.

Deux débuts bien intéressans vinrent clore enfin la liste si nombreuse de toutes les tentatives individuelles de l'année. L'emploi vacant de Mlle Mars ouvrait un large champ aux essais et aux démarches hasardées. Mme Valérie Mira d'abord, retirée depuis dix ans du théâtre, pouvait y rentrer, très-jeune encore, et avec toutes les conditions de talent qu'on exige dans l'emploi si difficile des grandes coquettes. Mme Valérie Mira n'est pas une copie servile de Mlle Mars ; c'est un souvenir aimable et intelligent des manières et du genre de la grande actrice. Chez Mme Mira, il y a une excessive finesse, une grande distinction, beaucoup d'élégance, de grâce ; ses moyens sont faibles, le port de voix peu étendu ; mais cette actrice possède un tact et un goût parfaits. S'inspirant également des souvenirs de Mlle Mars, mais avec des modifications plus larges, grâce à une nature plus vive et plus exubérante, Mlle Virginie Bourbier, bien placée dans le drame et dans la haute comédie, révéla également un talent supérieur, tel que le Théâtre-Français n'en possédait plus qui puisse lui être comparé. Cependant, ni Mme Valérie Mira, que Marivaux eût adoptée avec reconnaissance, ni Mlle Bourbier, que l'élégante et large comédie du grand répertoire réclamait impérieusement, ne purent forcer les portes d'airain fermées par les sociétaires sur tous les talens qui peuvent leur porter ombrage, et, cette fois, l'article 67 du décret de Moscou resta muet. L'Odéon, d'une part, et le théâtre du Vaudeville, de l'autre, ont profité des erreurs du Comité. C'est ainsi que le Théâtre-Français, par sa faute, engendre des rivaux qu'il s'efforce en vain de nier, et qu'il laisse se disséminer çà et là, même sur des scènes secondaires qui luttent avec lui d'importance, des talens et des ressources que sa specialité devrait lui faire un devoir de réunir et de centraliser.

Notre tâche devient difficile, et, à mesure que notre travail s'achève, nous touchons forcément aux actualités.

Le dénoûment s'approche, et le but que nous nous étions proposé en commençant apparaît de plus en plus avec évidence. En d'autres termes, la Comédie-Française n'existe à peu près aujourd'hui que de nom ; on assiste les bras croisés à la ruine de notre première scène littéraire ; des élémens serieux de réorganisation existent en dehors de la société actuelle, et si l'on ne se hâte de réunir ces élémens, et de reconstituer une société nouvelle, régie par un pouvoir absolu, c'en est fait du Théâtre-Français.

Nous avons laissé la Comédie aux prises avec les répétitions d'une pièce nouvelle de M. Scribe, et la mise en scène forcée d'une tragédie de M. Viennet. *Arbogaste*, tragédie en cinq actes, jouée par autorité de justice, connue depuis plus de vingt ans par les récits piquans et les plaisanteries mordantes des petits journaux, *Arbogaste* ne méritait vraiment *ni cet excès d'honneur ni tant d'indignités*. M. Viennet, classique par conviction, écrivain correct et spirituel, ne devait pas se méprendre sur la portée de son œuvre, et, dans les conditions du théâtre actuel, *Arbogaste* ne pouvait pas espérer mettre les rieurs de son côté ; seulement, si la valeur littéraire de cette tragédie n'a pas désarmé la critique, du moins le courage et le talent de son auteur ont dû être respectés. *Arbogaste* était joué par Mlle Rabut, Beauvallet, Guyon, Rey, Darcourt et Drouville.

Quant à M. Scribe, il était livré à de cruelles perplexités. Milon restera-t-il en possession du rôle qui lui a été confié dans *Une Chaîne*, ou faudra-t-il le lui retirer ? Grave question ! Grosse montagne, qui finit toujours par mettre au monde une souris. Dans un cas pareil, on ne manque jamais de faire beaucoup de bruit d'avance ; on lance des notes dans tous les journaux ; le public étonné s'arrête et écoute. Diable ! M. Scribe trouve Milon insuffisant, il paraît que c'est un rôle magnifique; aussitôt la curiosité s'allume. Peu s'en fallut, du reste, que, les exigences de M. Scribe aidant, le Théâtre-Français ne fût placé dans un grand embarras. A défaut de Milon, M. Scribe désirait Maillard, ex-pensionnaire de la Comédie-Française, et pour le moment engagé aux Variétés. Maillard, devenu indispensable, exigea une promesse d'être reçu sociétaire, ou un engagement comme pensionnaire de dix années, avec une pension au bout des dix ans. Maillard ne proposait pas un traité acceptable, mais Maillard avait raison. Le Théâtre-Français s'est arrangé de telle sorte qu'on peut faire partie de son personnel aujourd'hui, aller aux Variétés ou à l'Ambigu demain, et revenir les jours suivans à la Comédie-Française, sans que toute cette confusion, qui annihile chaque jour davantage la spécialité de notre première scène, puisse étonner personne à l'heure qu'il est. En définitive, M. Scribe céda devant les prétentions de Maillard, et le rôle si délicat, objet de tant de paroles, offert à Firmin, qui eut le bon goût de le refuser, fut enfin confié à Rey. Triste rôle, en vérité ! et dont Rey se serait fort bien passé.

Grâce à son habileté proverbiale, M. Scribe, dans *Une Chaîne*, a trouvé le moyen de faire admettre, par le même public qui rougissait à *la Reine d'Espagne*, de M. H. Delatouche, qui se récrie à la pensée seule d'*Antony*, la situation la plus immorale qui se soit vue au théâtre. Une femme mariée, une femme du monde, protégeant son amant à la face de tous, en présence même de son mari ; et, comme moralité, la seule punition infligée par l'auteur à ce caractère si crûment cynique, est de faire signer, par cette même femme, au contrat de mariage de son amant. Situation déplorablement vraie, et qui par cela même provoquait l'intérêt. Tel est le tableau de mœurs qu'a osé présenter M. Scribe, foulant ainsi aux pieds la mission réelle du poète dramatique, et oubliant que lorsqu'un auteur peint les vices dans une comédie, c'est pour les fustiger par le ridicule et en déduire une haute leçon. Régnier, dans le personnage tristement comique de l'avoué Balandard, Samson, Rey, dans le fameux rôle d'Emeric, Mlle Doze, Menjaud et Mlle Plessy, éblouissante de parures dans Mme de Saint-Géran, firent valoir avec talent l'œuvre nouvelle de l'auteur favori du Théâtre-Français.

Pour parer aux éventualités de ce succès, qui n'était pas fait pour ramener l'âge d'or, la Comédie remit *le Cid*, et Mlle Rachel parut dans Chimêne. C'était une reprise solennelle ; Beauvallet jouait Rodrigue ; Guyon, don Diègue ; Fonta, le Roi ; Drouville, don Sanche. La mise en scène était changée, et trois décorations détruisaient, avec raison, l'unité de lieu qui n'avait jamais été dans la pensée de Corneille, et qui avait rendu jusqu'alors la représentation de son premier chef-d'œuvre à peu près inintelligible. On aurait pu ne pas s'arrêter en si beau chemin, et rétablir le rôle de l'infante, qui est indispensable, et qui contient de grandes beautés. En résumé, l'ensemble fut trouvé peu satisfaisant. Mlle Rachel, charmante de costume, essayait un rôle qui n'est pas dans les conditions de son talent, rôle d'une difficulté extrême, sans cesse aux prises avec deux passions, quoique l'amour y domine cependant. Mlle Rachel s'y montra assez inégale, malgré de grandes beautés de détails ; Beauvallet, dans Rodrigue, était rude, sauvage, d'une énergie farouche ; le rôle est tendre et chevaleresque. En même temps que *le Cid*, Périer, abandonnant encore une fois les premiers rôles pour essayer les pères nobles, qui lui réussissaient beaucoup mieux que naguères les financiers, obtenait un véritable succès dans Vanderck père, du *Philosophe sans le savoir*. On reprenait aussi *la Jeune Femme colère*, de M. Etienne.

Représentation au bénéfice de M{^{lle}} Georges, à laquelle la Comédie-Française ne veut pas prendre part. Cette représentation a lieu au théâtre Ventadour, sans les sociétaires, auxquels le Comité avait refusé le droit de prêter leur concours à M{^{lle}} Georges. Cette affaire fait grand bruit.

Tout semblait conjurer, du reste, contre les intérêts du Théâtre-Français, qui se débattait contre les ouvrages qu'on prétendait lui imposer, d'une part, et qui, d'un autre côté, ne pouvait pas arriver à produire les pièces sur lesquelles il pouvait fonder quelques espérances. Ainsi *Judith*, tragédie de M{^{me}} de Girardin, et *Monsieur de Maugaillard*, comédie de M. Rozier. *Judith*, refusée après lecture par le Comité, comme insuffisante, fut relue *par ordre* du ministre, grâce à des influences politiques dont nous n'avons pas à nous préoccuper. Infliger une seconde lecture, c'était commander la réception, que le Comité consacra à la majorité de neuf voix contre cinq. Quant à *Maugaillard*, il était depuis trois mois en répétition, chose extraordinaire pour un seul acte. Cette pièce, écrite avec la verve, l'esprit incisif et le comique si jovial qu'on retrouve dans presque toutes les productions de l'auteur du *Procès criminel* et de *la Mort de Figaro*, eut le double malheur d'arriver en temps inopportun, et de trouver Monrose en mauvaise santé. Une fatalité pesait en même temps sur le Théâtre-Français, sur le pauvre Monrose et sur M. Rozier. Le premier allait être privé du seul vrai comique de haute comédie que nous possédions encore ; le second, hélas ! perdait la mémoire et la raison ; l'auteur enfin voyait s'échapper un succès. L'excellent Monrose, ce charmant comédien dont la physionomie expressive, le masque si mobile, les allures si vives, l'organe si mordant, la mémoire si sûre, était tombé dans un tel état de marasme, que, malgré des efforts inouïs, il ne put parvenir qu'à savoir imparfaitement le rôle de Maugaillard. Après quelques jours de répétitions, il avait à peine retenu les premières scènes, et M. Rozier, témoin du malaise de son acteur de prédilection, fit suspendre les études commencées, espérant ainsi donner à l'artiste le temps de se remettre. Deux semaines après les répétitions recommencèrent et coûtèrent de cruels efforts à Monrose, chez lequel la maladie morale faisait tous les jours de nouveaux progrès. Pourtant Monrose tenait à son rôle, qui devait être, disait-il, une bonne création pour lui... En même temps, on conseillait à l'auteur de retirer sa pièce, ou de confier Maugaillard à un autre artiste; mais M. Rosier, qui est aussi honnête homme qu'il est écrivain de mérite, M. Rozier, plein de reconnaissance pour les succès que plusieurs de ses ouvrages avaient obtenus par le concours du talent de Monrose, M. Rozier répondait aux amis trop officieux : « Quel que soit le sort destiné à ma pièce, je ne changerai rien à la distribution ; Monrose est en possession du rôle de Maugaillard, il le jouera... il le jouera quand il voudra, quand il pourra, il le saura ou non, mais personne n'y touchera que lui seul ; j'aime mieux cent fois que l'acteur compromette le succès de ma pièce que de troubler un instant le repos d'un artiste remarquable à tant de titres, et qui a droit à tous les égards. » — Ajoutons que fort peu d'auteurs auraient agi de la sorte, car, malheureusement, ce qu'on avait prévu arriva. Le soir de la première représentation, Monrose hésitait à chaque parole, il était inquiet, incertain, les scènes languissaient, la pièce parut froide et tomba ou à peu près. — Nous avons insisté sur tous ces détails, parce qu'ils signalent deux faits peu ordinaires : un auteur qui fait sciemment le sacrifice d'un ouvrage, et l'acteur le plus capable de soutenir cet ouvrage en compromettant la réussite par suite des premières atteintes du mal cruel qui l'a conduit au tombeau.

Voici venir maintenant *Lorenzino*, de M. Alexandre Dumas ; ici ce sont des vicissitudes d'un autre genre. *Lorenzino*, fait et refait plusieurs fois, toujours annoncé et jamais achevé, voyageant avec son auteur de Paris à Florence, et de Florence à Paris, longtemps retenu à la censure, resta plus de six mois à la veille d'être représenté. On trouve dans cet ouvrage de belles scènes et des choses de mauvais goût, de l'esprit, de l'élégance et des parties inadmissibles. Ce n'est, du reste, qu'une imitation assez servile du charmant *Lorenzaccio* de M. Alfred de Musset, imitation restée bien loin de son modèle. La pièce, fort bien jouée par Ligier, Beauvallet, Firmin, Geffroy, Guyon et Mlle Doze, fut froidement accueillie. Croira-t-on jamais que pour *le Mariage sous Louis XV*, M. Dumas ait reçu 11,000 fr. de prime, et 6,000 fr. du ministre pour *Lorenzino* ? Cela est pourtant.

Le répertoire de la Comédie recevait en même temps un coup funeste. Menjaud, décidé à prendre sa retraite, ne voulut entendre parler d'aucune proposition raisonnable. Déjà, à plusieurs reprises, Menjaud, qui avait accompli ses vingt ans de service, avait annoncé son intention de se retirer, et fait augmenter ainsi la part à laquelle il avait droit. Sans doute Menjaud, acteur jeune encore, pouvait être considéré comme indispensable, mais il doit y avoir un terme à tous les sacrifices ; Menjaud touchait pendant sa dernière année 15,000 francs sur la subvention, et les intérêts communs de la société s'opposaient à l'augmentation de ce chiffre. Il y a bien un article 12 du décret de Moscou qui peut engager, dans de certaines conditions, un artiste à prolonger son service à la Comédie-Française au-delà de vingt années, mais il n'y a pas d'article monde qui puisse forcer un acteur à jouer la comédie malgré lui. Une lettre parut, adressée au ministre et signée de quelques auteurs, MM. Etienne, Scribe, Casimir Bonjour, Dupaty, Casimir Delavigne, Delaville de Mirmont, Mélesville, etc.; dans cette lettre, les auteurs considérant la perte de Menjaud comme une *calamité*, sollicitaient auprès du ministre le renouvellement de son engagement. Mais le ministre n'y pouvait rien, pour la cause que nous avons dite ; Menjaud se retira donc. La Comédie-Française perdit en lui un acteur doué de qualités brillantes, dont l'organe était suave, la diction d'une grande pureté; il avait de la grâce et du bon goût. A Menjaud, ajoutons Monrose, qui venait d'entrer dans la maison de santé du docteur

Blanche. Avec Monrose, s'en allait le type des valets à la mine éveillée, au regard fripon, et la grande livrée perdait en ce comédien si regrettable son dernier représentant. M%me% Tousez, duègne et caractères, se retirait également après trente années de service.

Ce n'était donc plus un personnel faible en talent que possédait le Théâtre-Français, mais bien un personnel matériellement incomplet. Comment tenir avec honneur le grand répertoire, pour lequel les chambres votent chaque année 200,000 fr. de subvention, dans ce théâtre, le premier théâtre du monde, où il manquait en emplois : dans la tragédie, une reine-mère et un jeune premier rôle ; et dans la comédie, un premier rôle en homme, une grande coquette, une forte soubrette et un second caractère ?

Voilà pour les emplois manquant, et nous ne parlons pas de ceux existans, qui étaient au moins très-insuffisans.

Pour combler tant de vides si funestes, savez-vous ce que fit le Comité ? Il persista à ne pas vouloir admettre M%me% Valérie Mira, il refusa M%lle% Virginie Bourbier, il ne renouvela pas l'engagement de M%lle% Doze, il congédia M%lle% Rabut, M%lle% Avenel, et Milon.

De cette manière, la Comédie-Française périclitait de plus en plus par les pertes forcées qu'elle était obligée de subir, et les pertes volontaires qu'elle aurait pu éviter ; elle s'appauvrissait encore en ne se hâtant pas de conclure les acquisitions honorables qui auraient pu la sauver.

L'article 15 du décret de Moscou veut que la société du Théâtre-Français soit composée d'au moins vingt-deux membres. Au mois d'avril 1842, il n'y avait plus cependant que QUINZE sociétaires, dont voici les noms : Samson, Périer, Ligier, Beauvallet, Dailly, Geffroy, Régnier, Provost, Guyon, et MM^{mes} Desmousseaux, Mante, Anaïs, Noblet, Plessy et Rachel.

Il y avait donc violation flagrante d'un des articles de l'acte constitutif du Théâtre-Français.

C'est à l'aspect d'une aussi déplorable situation, au mois d'avril 1842, qu'il s'éleva de toutes parts un cri unanime de détresse. Les quinze sociétaires seuls ne s'émurent pas. D'ailleurs, il faut bien tout dire, le pouvoir exécutif du Théâtre-Français est véritablement placé entre les mains du commissaire royal, et M. Buloz n'était pas homme à s'alarmer pour si peu. M. Buloz dispose du pouvoir exécutif, parce qu'il est le mandataire du ministre. Les chambres votent une subvention de 200,000 fr., mais c'est le ministre qui en fait la répartition ; le ministre, c'est-à-dire le commissaire royal. N'oublions pas que, sans les parts individuelles touchées par chaque sociétaire sur la subvention, tout le personnel de la Comédie-Française travaillerait exclusivement pour la gloire, ce qui ne suffit pas, et que les recettes du théâtre, qui sont à la fin de chaque année à peu près nulles, ne peuvent pas permettre aux comédiens français d'exister sans la subvention. Or, cette subvention est répartie, peut-être selon les mérites de chacun, ce qui ne serait que fort juste et équitable, peut-être aussi avec quelque peu d'arbitraire et de fantaisie. La conséquence forcée est celle-ci : Chaque sociétaire ayant voix au Comité se conformera aux idées et aux décisions du commissaire royal, et n'oubliera jamais que le prix de son travail et de son talent est entre les mains de ce même commissaire royal, qui retranche ou ajoute comme il lui plaît.

Donc, M. Buloz dispose du pouvoir exécutif au Théâtre-Français.

Voyons, dans les périls extrêmes où se trouvait la Comédie-Française, les faits à l'appui de son désir exprimé de conjurer l'orage et d'arriver à une reconstitution.

Une mesure bonne, juste et équitable, fut le

rengagement de Firmin. Menjaud parti, il fallait bien un premier rôle, surtout depuis que Périer, se retranchant tous les jours davantage, et avec raison, dans les pères nobles, avait manifesté l'intention formelle d'abandonner les rôles trop jeunes de l'emploi. Firmin rentra donc dans Clitandre des *Femmes Savantes*, et y apporta cette excellente diction, ce débit charmant qui se perd de plus en plus, et dont il deviendra désormais impossible de trouver le secret; la diction, ce grand art du comédien, le premier de tous, qu'il faudra bientôt chercher vainement à la Comédie-Française, l'école du beau langage et des belles manières, comme on disait encore naguères, assertion devenue très-contestable aujourd'hui.

Firmin acquis pour quelque temps encore aux amateurs du beau langage et à la haute comédie, il restait encore bien d'autres vides à remplir ; tâche difficile, mais non pas impossible, et que le Comité n'a pas voulu accomplir, ainsi que nous l'avons suffisamment prouvé en donnant les noms des talens qu'il avait eu le courage ou la maladresse de refuser, sans parler de ceux aussi auxquels il persistait à ne pas songer. Dans l'emploi de Mlle Mars, nous voyons apparaître Mlle Planat-Naptal. Naptal, c'est-à-dire l'anagramme de Planat; une jeune fille encore enfant, tout émue de ses succès sur la scène Castellane, dans un théâtre de société uniquement fréquenté par des gens du monde, bien disposés toujours, au moins par politesse, à trouver parfaits et charmans tous les comédiens qui apparaissent devant eux.

Placez Mlle Planat dans les conditions ordinaires, vous trouverez une jeune personne, au joli visage, au gracieux sourire, fraîche et rose, avec de beaux yeux expressifs, un organe flatteur et une intelligence heureusement douée. Avec des débuts en raison de l'âge, du physique et de l'inexpérience de l'actrice, vous arriverez à un résultat satisfaisant, c'est-à-dire d'excellentes choses comme jeune première, et de belles espérances; au lieu de cela, la Comédie s'était arrangée de telle sorte que Mlle Planat ne pouvait qu'être blâmée de ses tentatives précoces. De prime-abord, et avec la hardiesse que donne seule l'ignorance du danger et de la responsabilité immense qu'elle encourt, se hasarder dans Célimène, du *Misanthrope*! *Valérie, la Gageure imprévue*! On rendit justice aux grâces de la débutante, à sa diction correcte, qui révélait une élève de Michelot; on constata un succès véritable dans *la Fille d'Honneur*, et on conseilla avec raison à l'imprudente enfant d'étudier et de travailler encore, en d'autres termes de laisser faire au temps. Aujourd'hui Mlle Planat, qui a écouté de sages avis, est un des plus gracieux ornemens du Second-Théâtre-Français.— Le jour du début de Mlle Planat, dans le *Misanthrope*, Geffroy jouait Alceste ; on le jugea trop tragique et trop acerbe. C'était encore un essai infructueux.— Apparition de Samson dans Bernadille, de *la Femme juge et partie*. Il s'en acquitta en maître ; mais la reprise n'attira personne.

Première représentation d'*Oscar*, de M. Scribe. Encore un vaudeville joué par Périer, Régnier, MM^{mes} Denain et Brohan. Bonnes ou mauvaises, les nouveautés de M. Scribe arrivent à coup sûr et à point nommé ; et, dans le traité spécial qui oblige notre fécond auteur à ne travailler exclusivement que pour le Théâtre-Français et le Gymnase-Dramatique, il y a tout un enseignement. S'engager à fournir des pièces à la Comédie-Française, c'est assimiler ce théâtre au Gymnase, qui possède les mêmes avantages ; c'est un marché onéreux pour la Comédie, puisqu'il la met dans le cas d'accepter des œuvres indignes, et de les jouer, ce qui est bien pis. Quand nous répétions sans cesse que la Comédie-Française n'existait plus que de nom, avions-nous tort vraiment ?

Voyez le malheur! autant de pas aventurés, autant de mécomptes. Débuts de Mlle Béranger dans le rôle de Mlle de Belle-Isle! — Engagement de Mlle Maillet, ingénuité agréable sans doute, mais d'une utilité au moins contestable! — Enfin grand échec de Mlle Plessy, dans Célimène du *Misanthrope.* Et cependant, si jamais il parut au Théâtre-Français une belle et ravissante Célimène, c'est elle! Les qualités physiques sont un avantage immense, mais ce n'est donc pas tout, quoi-qu'on dise? Ce quoi qu'on dise a peut-être son côté pédant, critiqué si plaisamment dans *les Femmes savantes,* mais nous le maintenons, et pour cause; l'esprit, la grâce, les manières, les allures, la grande coquette, enfin, non pas telle que Mlle Mars l'avait faite, nous ne conseillerons jamais à un acteur de copier servilement, mais telle que Molière l'indique, dites, Mlle Plessy, qu'en aviez-vous fait? Et cependant, dans toutes les pièces nouvelles de MM. Scribe et compagnie, Mlle Plessy n'a-t-elle pas un rôle important, n'y est-elle pas au moins convenable? — Ceci peut démontrer la pente rapide que descend le Théâtre-Français, par le fait seul de son personnel. Théâtre de genre, scène secondaire, de plus en plus. On y a oublié Molière et les maîtres classiques de la Comédie, et sans Mlle Rachel, nous voudrions bien savoir où seraient Corneille et Racine, à l'heure qu'il est.

Mlle Rachel, puisque nous en parlons, faisait à elle toute seule des recettes; elle venait de remettre Ariane, rôle unique dans la tragédie de ce nom. Ariane, avec ses douleurs et son désespoir, attirait donc encore autour d'elle quelques admirateurs fervens. Mais ce n'était qu'un rôle de plus pour la grande tragédienne, et la Comédie-Française ne se pouvait pas sauver à ce prix.

Nous ne saurions que redire encore ce que nous avons déjà énoncé trop souvent. Le seul moyen de sauver le Théâtre-Français, ce serait de le reconstituer de telle sorte que la réunion unique des talens qui existent en dehors de son sein, et qu'il devrait posséder, sans quoi le Théâtre-Français n'est plus Théâtre-Français, puisse composer les élémens d'une prospérité matérielle suffisante aux recettes indispensables, à une prospérité réelle. De cette manière, et la comédie existant, de fait, par ses propres forces, la subvention reviendrait à son but véritable, et pourrait être consacrée à ramener vers le centre commun les acteurs d'élite, disséminés aujourd'hui sur toute la surface du monde dramatique parisien, à encourager et à honorer, selon leurs mérites, les auteurs dont les premiers essais pourraient promettre de bons écrivains dramatiques, et à entourer de soins extrêmes et de magnificences la représentation des chefs-d'œuvre consacrés.

Au lieu de cela, le Théâtre-Français ne réalise rien ; la subvention, répartie en moins de parts possible, pour en augmenter le chiffre, sert exclusivement d'honoraires aux sociétaires actuels, qui se trouvent profiter du vote annuel de la Chambre des députés, quand les représentans du pays, eux-mêmes, entendent appliquer au théâtre, et non pas à des individus, le profit des deniers de l'Etat.

Pour remplacer Menjaud, pour marcher sur les traces des Molé, des Fleury, des Armand, et de tous les grands noms illustres du Théâtre-Français, dans l'emploi si brillant des jeunes premiers rôles, des marquis, des Monçade, des chevaliers à bonnes fortunes, titrés, libertins, aimables, et tout remplis d'adorables défauts, et de belles manières, le Théâtre-Français, un beau jour, et sans doute en désespoir de cause, s'en est allé chercher... qui? M. Brindeau! un acteur d'une incapacité notoire, placé, même aux Variétés ou ailleurs, dans un rang plus que secondaire, par une absence presque totale de talent. M. Brindeau, pour jouer l'emploi de Firmin et de Menjaud, n'a point de grâce, point d'aisance dans ses manières, point de noblesse et de distinction ; sa physionomie assez régulière n'a point d'expression, pas d'animation, pas de vie ; rien dans son allure, dans sa démarche n'annonce l'aisance, l'enjouement, la légèreté indispensables, et ce qui est plus déplorable encore, M. Brindeau ignore ou semble ignorer, par ce qu'il nous en montre, jusqu'aux élémens primitifs de la diction la plus ordinaire. S'adjoindre jusqu'à des comédiens qui ne savent pas parler en scène, il ne manquait plus que cela au théâtre-Français. Du reste, les débuts très-significatifs de M. Brindeau en disaient plus que toutes les critiques possibles. Admissible dans Bolingbroke du *Verre d'Eau*, plus qu'insuffisant dans Clitandre des *Femmes savantes*, notre jeune comédien avait tout à apprendre pour l'emploi qu'il était appelé à tenir d'une façon si infime, et nonobstant tant de faiblesse, M. Brindeau fut reçu au nombre des pensionnaires, avec six mille francs d'appointemens. Mais patience, nous en verrons bien d'autres vraiment!

Et quand nous aurons constaté la célébration insolite de la naissance de Corneille (6 juin), avec *le Cid* et *le Menteur*, qui produisirent, Mlle Rachel absente, 500 fr. de recette, les débuts, dans *Iphi-*

génie et Rosine du *Barbier de Séville*, de Mlle Garrique, qu'on engagea aux petits appointemens, et ceux de Mlle Grave, qui arrivait avec un talent fait pour jouer Emma de *la Fille d'Honneur*, malgré son âge, qui aurait pu lui permettre d'aborder des rôles un peu plus marqués, nous pourrons examiner les événemens contemporains, ce que nous allons faire du reste sans désemparer.

Le *Veuvage*, comédie de Samson, auteur de la *Belle-Mère et le Gendre*, était bien loin d'être appelée au succès si mérité de ce dernier ouvrage d'un mérite réel. Le *Veuvage* a tout au plus les allures d'une comédie ; c'est bien plutôt une satire, très-spirituelle, du reste, contre le mariage, et une série de plaisanteries assez fines et caustiquement reproduites, mais qui, ayant été déjà répétées à satiété, ne sont plus que des lieux communs. Le *Veuvage*, en prose, n'eût pas été acceptable ; grâce à des vers heureux et faciles, on put écouter avec plaisir cette nouvelle pièce d'un auteur-acteur, homme d'esprit, lequel jouait, ou plutôt disait, à merveille le principal rôle.

Nous arrivons à un répertoire d'une monotonie désespérante et d'une remarquable nullité. Après le *Veuvage* se présente le *Dernier marquis*, de M. H. Romand. Il y eut succès, malgré l'obscurité et la confusion du drame, mais en raison d'assez belles parties et de la portée d'un sujet très-vaste, avec lequel on devait arriver à de grands effets, s'il avait pu être complétement et franchement traité. Le *Dernier marquis* a été du moins une des meilleures créations de Firmin.

Débuts de Mme Martelleur, premier rôle, dans *Misanthropie et Repentir*, et Elmire, de *Tartufe*. Mme Martelleur, qui avait fait ses premiers essais sur les théâtres de la banlieue de Paris, puis au Vaudeville, et qui arrivait récemment de l'Italie, aurait pu se dispenser de quelques leçons qu'elle a sans doute été obligée de prendre chez M. Régnier. *Nul n'aura de l'esprit que nous et nos amis*, nul n'aura de talent que les élèves que nous formerons, que nous protégerons, et que nous voudrons bien admettre à l'honneur des débuts. Tel est l'adage de messieurs les sociétaires. Il n'est donc pas étonnant que le personnel de la Comédie-Française soit impossible à renouveler. Mme Martelleur, avec de la tenue, de la distinction et de la sensibilité, plaidait très-heureusement sa cause, et promettait de tenir une place honorable, quoique modeste, qu'elle espéra un instant d'obtenir, mais qu'elle ne put garder. Mme Grassot, jeune première du Gymnase et du Palais-Royal, se hasarde à son tour dans les soubrettes ; pourquoi dans les soubrettes, qui lui convenaient si peu? Micheau, éprouvé par de longs succès en province comme premier rôle, aborde franchement les financiers et les rôles à manteaux. Il débute dans Arnolphe de l'*Ecole des Femmes* et Harpagon de l'*Avare*. Micheau est un talent fait, intelligent, et bien doué pour l'emploi qu'il est appelé à tenir, mais il joue rarement, en raison de ces heureuses qualités. Essais de Bellevaut, comique, et de Maubant, premier rôle tragique.

Mlle Augustine Brohan est reçue sociétaire; cette fois, c'est un acte de justice et de bonne administration que nous avons à constater, mais ces cas-là sont rares par malheur pour le Théâtre-Français.

La Comédie était aux expédiens; au mois de septembre 1842, en l'absence des recettes qu'on ne faisait pas, elle contractait un emprunt de cinquante mille francs à des conditions onéreuses, et pour le remboursement elle comptait sur l'avenir et les bonnes chances qui pouvaient fort bien ne pas se présenter. Comme si le Théâtre-Français devait avoir pour Dieu le hasard, quand la prévoyance et l'habileté pourraient présider à ses destinées et à son existence. L'Etat consentirait à augmenter la subvention, ce que les sociétaires insinuaient et demandaient à cette époque, que la position ne changerait pas. Donnez un million par an à la Comédie-Française, avec l'emploi qu'on y fait des 200,000 fr. qui s'y distribuent, et vous engloutirez dans un abîme une somme cinq fois plus forte que celle que vous consentez à perdre aujourd'hui, sans obtenir de meilleurs résultats. La prospérité du Théâtre-Français n'est pas une question d'argent, c'est une question d'exploitation habile, de bonne administration et d'organisation. Il y a mieux, le Théâtre-Français, bien administré, n'a pas besoin d'une aussi forte subvention ; et pour ne pas jeter, sans raisons, notre opinion, en apparence très-contestable, nous essaierons de l'appuyer sur des preuves irrécusables, avec des faits à l'appui.

Une bonne pièce aurait mieux valu qu'un emprunt ; mais il est plus facile de trouver de l'argent qu'un chef-d'œuvre, et ce chef-d'œuvre n'arrivait pas. A sa place, le Théâtre-Français eut l'obligeance de se contenter du *Portrait vivant*, de MM. Mélesville et Léon Laya. C'était se montrer facile à satisfaire, et d'une humeur plus traitable, d'un goût moins épuré qu'une scène de vaudeville, qui avait dédaigné le *Portrait vivant*. Obligé de faire flèche de tout bois, et presque heureux d'enlever un mauvais ouvrage aux Variétés, le Théâtre-Français accueillit l'œuvre nouvelle, et la joua aussi bien qu'elle aurait pu l'être sur le boulevard Montmartre. Comment ce *Portrait vivant*, dont le sujet, tiré d'une nouvelle de M. Paul de Musset, repose tout entier sur une aventure fort leste dont la duchesse de Berry, fille aînée du duc d'Orléans, régent du royaume, avait été l'héroïne ; comment cette œuvre, aussi indigne de notre première scène, avait pu y obtenir droit de bourgeoisie et y être tolérée, voilà ce que la situation extrême du Théâtre-Français peut seule expliquer.

La fin de cette année 1842 devait être aussi triste, aussi alarmante pour les amis de l'art dramatique que le commencement. Après une représentation du *Bourgeois gentilhomme*, donné au bénéfice de Mme Paradol, et escorté du *Bas-Bleu* et de la *Marquise de Pretintailles*, empruntés à la petite scène du Palais-Royal, comme si le Théâtre-Français n'avait pas dans son répertoire assez de chefs-d'œuvre oubliés pour attirer la foule, nous assistons à la reprise malencontreuse de *Frédégonde et Brunehaut*, très-médiocre tragédie de N. Lemercier. M. Lemercier était l'auteur d'un *Agamemnon*, ouvrage de premier ordre, que l'on pouvait remettre à la scène avec bonheur, et le choix de Mlle Rachel ou du Comité, nous ne savons de qui, s'arrêta sur une pièce oubliée depuis vingt ans dans les cartons de l'ancien Odéon, et qui, à son exhibition première, n'avait pas réussi. Le rôle de Frédégonde, qui n'a qu'une corde, et qui n'excite pas un seul instant l'intérêt, ne pouvait pas être mal joué par Mlle Rachel, qui put y développer, comme partout, son admirable intelligence, mais il n'ajouta rien à la renommée de la grande tragédienne. Pour couronner l'œuvre et compléter la série des événemens désastreux, le *Fils de Cromwell*, comédie en cinq actes de M. Scribe, vint à son tour éprouver une lourde chute, que des allusions politiques maladroites, la pauvreté du style, les démentis continuels donnés à l'histoire, une réunion pénible d'incidens sans intérêt, justifiaient complétement. Beauvallet, Geffroy, Guyon, Provost, Firmin, MMmes Plessy et Denain, firent de vains efforts, et la comédie nouvelle dut disparaître de l'affiche promptement. Depuis près d'une année, la Comédie avait *commandé* la pièce à l'auteur. Le nom de M. Scribe aidant, on comptait sur ses succès et son bonheur ordinaires. Ce pauvre *Fils de Cromwell* a donc été une bien cruelle déception.

Il fallait cependant à tout prix se tirer d'affaire,

et regagner le temps et l'argent perdus, car les recettes allaient de plus en plus dans une progression décroissante, même les jours de Mlle Rachel. On annonça donc avec éclat, par les cent voix de la renommée, d'abord le rôle de Phèdre par la jeune tragédienne, et ensuite un nouvel ouvrage de M. Victor Hugo, œuvre immense, de proportions colossales, d'une portée incalculable, et qui devait infailliblement remuer tout Paris et faire révolution dans le monde entier. Bien et dûment averti, le public prit donc patience, et attendit le grand jour de la révolution annoncée. En attendant, une société d'élite, de nombreux admirateurs de l'excellente comédie d'autrefois, se porta en foule au Théâtre-Français, mais avec calme et douleur, comme à un dernier devoir à remplir, pour assister aux adieux de Monrose, qui devait paraître encore une fois, une seule fois, dans le rôle de Figaro du *Barbier de Séville.* Chacun tremblait pour l'issue d'une représentation de retraite si triste, et l'on savait que Monrose, privé de la mémoire et de la raison, n'était parvenu à retenir le texte de ce personnage, qu'il avait joué tant de fois, que grâce aux soins excellens et à la sollicitude constante du docteur Blanche, qui n'abandonna pas le pauvre malade un seul instant. Secondé par de triples salves d'applaudissemens et des acclamations successives, Monrose ne se troubla pas, et put arriver sans encombre jusqu'à la fin de la pièce, dans laquelle Duprez, notre grand artiste, avait consenti à chanter dans la coulisse, au lieu et place de M. Mirecourt (Almaviva), la romance de Paesiello. — Recette, 12,000 fr.

Nous avons oublié d'enregistrer la reprise de l'*Ecole des Vieillards*, avec Firmin dans le rôle de Danville. Un mot maintenant du *Chevalier à la Mode*, joué par ordre du ministre, pour essayer M. Brindeau dans le grand répertoire. On savait si peu ce dont M. Brindeau était capable, qu'il fallait bien juger de son aptitude au premier emploi du Théatre-Français. Le *Chevalier à la Mode* ne prouva que ce qu'il était facile de prévoir. Le talent et les qualités naturelles ne s'improvisent pas. Par tous les esprits non prévenus, désireux de voir la Comédie-Française s'enrichir d'un acteur de mérite de plus, par tous ceux qui jugeaient de sang-froid et sans parti pris d'avance, M. Brindeau a été reconnu insuffisant et bien au-dessous de l'honneur qu'on prétendait lui faire. Cependant M. Brindeau a été admis sociétaire, et cette décision n'a surpris personne, parce que rien ne peut et ne doit étonner aujourd'hui. La raison, les usages reçus, l'intérêt de la société et du théâtre exigeaient qu'avant d'en venir à doter M. Brindeau de ce bâton de maréchal des comédiens, on eût la prudence d'attendre que le jeune acteur, pensionnaire depuis quelques mois seulement, ait eu le temps de se faire au répertoire, aux habitudes de son emploi, aux exigences de sa position difficile. Au lieu de cela, on a embarrassé la Comédie d'un sociétaire de plus, nouveau venu sur la scène française, avec cette chance possible de n'avoir, au bout du compte, qu'un membre inutile à ajouter à la liste de ceux qui figurent à ce titre dans la société. Il faut rendre justice au Comité, du reste. M. Brindeau n'a été reçu qu'à la simple majorité, et malgré la haute influence du commissaire royal.

Passons à *Phèdre*, ensuite aux *Burgraves*, qui s'avancent avec grand bruit et scandale, avec une renommée toute faite et des querelles ardentes pour avant-coureurs. Leur histoire particulière restera comme une des époques les plus curieuses de l'histoire générale du Théâtre-Français.

Depuis la nomination de M. Victor Hugo à l'Académie, le Théâtre-Français n'avait point représenté d'œuvre nouvelle de l'auteur d'*Hernani*. En annonçant la prochaine apparition des *Burgraves*, les amis de l'auteur, et ceux aussi qui, tout en blâmant chez un si rare talent l'amour de certaines formes par trop *romantiques*, témoignaient de la sympathie pour la richesse de sa poésie et la liberté de ses allures, proclamaient à l'avance, parce qu'ils le désiraient peut-être, que M. Victor Hugo avait fait amende honorable, et écrit une tragédie dans laquelle les récits tenaient plus de place, sans doute, que l'action et le développement des passions, mais où les exigences classiques étaient scrupuleusement observées. Ceux qui répandaient ainsi, comme un fait accompli, l'expression de leurs désirs, ou connaissaient peu l'auteur, ou n'avaient du moins aucune idée des *Burgraves*. M. Victor Hugo n'est pas un esprit futile qui puisse revenir, sans raisons plausibles, sur ses principes bien établis et ses antécédens littéraires. M. Victor Hugo, agissant en connaissance de cause, et en vertu d'une poétique et d'un système bien arrêtés, était conséquent avec lui-même le jour où il écrivait les *Burgraves* pour la scène française. Le sujet, tout de fantaisie, les personnages, qui ont des proportions plus qu'humaines, le langage, en harmonie avec la donnée du poème, semblent concourir à la fois à prouver que M. Victor Hugo a essayé une dernière fois de pousser le genre romantique jusqu'à sa dernière limite. Exagération de la pensée et du style, c'est le reproche le plus grave que l'on puisse adresser aux *Burgraves*, qui resteront comme l'expression la plus complète de toute une école littéraire.

Quoi qu'il en soit, les admirateurs d'*Hernani*, de *Marion Delorme*, de *Lucrèce Borgia*, d'*Angelo*, du *Roi s'amuse*, sachant très-bien qu'à chaque production de M. Victor Hugo il devait y avoir une lutte à soutenir avec de nombreux détracteurs, préparaient leurs moyens de défense, imités en cela par le plus grand nombre de leurs adversaires, qui eussent été désespérés d'avoir à céder la place. Ainsi, selon l'usage, amis et ennemis de descendre dans l'arène et de se préparer au combat. Agitation précieuse, qui ne se produit qu'à la suite des grands talens. On pardonne d'autant moins aux écarts d'un homme de génie, que l'on estime davantage la portée de son esprit et le fruit de ses travaux, et les critiques les plus acerbes sont une preuve à l'appui de la haute considération dont jouit l'écrivain qui en est l'objet.

Rien n'a manqué à l'excitation de la curiosité publique. Après deux mois des premières répétitions des *Burgraves*, un grand bruit se fit entendre dans les coulisses du Théâtre-Français. Le rôle de Guanhumara, confié à Mlle Maxime, lui fut retiré tout à coup. Pour ce rôle, qui semblait d'une exécution impossible, il fallait une actrice que ne possédait pas la Comédie-Française ; et Mlle Maxime, pour sa part, était loin, disait-on, de remplir toutes les conditions voulues. Des offres brillantes une fois faites à Mme Dorval, et peut-être à Mlle Georges, mais sans succès des deux parts, il fallut prendre un parti violent. Mme Mélingue, actrice de l'Ambigu-Comique, et qui avait acquis une réputation dans le drame, semblait de taille à représenter dignement la vieille sorcière inventée par M. Victor Hugo. Pour obtenir Mme Mélingue, il fallait consentir à de grands sacrifices, devant lesquels le Comité ne voulut pas reculer. Il ne s'agissait de rien moins que de recevoir Mme Mélingue à titre de societaire, c'est-à-dire que, pour la création d'un rôle seulement, le Théâtre-Français souscrivait à un engagement de vingt ans, sans compter la pension qui en est la conséquence forcée et logique. Qu'était-ce donc que ce rôle de Guanhumara ?

C'est ainsi que l'impatience de tous était aiguillonnée et poussée au plus haut point. Chaque jour tous les journaux, grands et petits, contenaient quelque révélation piquante, quelque citation de vers ridicules plus ou moins authentiques, dont s'amusaient les uns, dont s'irritaient les autres; et pour couronner ces préliminaires scandaleux et inconvenans, un procès vint à surgir; procès suscité par Mlle Maxime, qui ne voulait pas consentir à abandonner le rôle que M. Victor Hugo lui avait confié. *Hors qu'un commandement exprès du roi* m'ordonne de renoncer à ce que je considère comme un droit imprescriptible, je jouerai Guanhamara, malgré l'auteur, s'il le faut. Pour colorer cette thèse de raisons concluantes, Mlle Maxime et ses avocats prétendaient que ce rôle de Guanhumara avait été répété trente-deux fois par l'actrice, et que si M. Victor Hugo avait le *droit* de disposer de son œuvre, il y avait au moins une question de convenance à ne pas la retirer des mains de Mlle Maxime, qui se trouverait ainsi s'être livrée en pure perte à des travaux sérieux et inutiles désormais. Bref, on batailla longtemps des deux parts; M. Victor Hugo soutenait son dire, Mlle Maxime le sien, et les amateurs de nouvelles, en lisant chaque matin *la Gazette des Tribunaux*, y trouvaient la chronique la plus inédite des faits et gestes du Théâtre-Français.

Le résultat de tout ce bruit était facile à deviner. Aux termes de l'engagement de Mlle Maxime, les tribunaux renvoyèrent, après plaidoiries, l'actrice et sa plainte par devant le conseil judiciaire du Théâtre-Français, et force fut bien à Mlle Maxime de céder la place à Mme Mélingue, devenue sociétaire, sans avoir débuté, et qui se trouvait ainsi en contradiction complète avec l'article 67 du décret de Moscou, lequel ne choisit les sociétaires que parmi les pensionnaires dont les preuves ont été faites pendant au moins une année.

Le grand jour de la représentation arriva enfin ; et, il faut le dire, de tous les ouvrages de M. Victor Hugo, la tragédie qui a pour sujet les *Burgraves* a peut-être excité le plus d'agitations et de sensations diverses. Les deux camps, classique et romantique, se livrèrent à des discussions acharnées dans la presse, dans les salons, et au théâtre, où des applaudissemens frénétiques luttaient pour ainsi dire corps à corps avec des sifflets obstinés. Ceux-ci attaquèrent tout dans les *Burgraves*, jusqu'au nom de trilogie dont la pièce est pompeusement parée ; ils n'accordèrent même pas à M. Victor Hugo ses qualités ordinaires de style et de poète, et lui nièrent le droit de faire parler ses personnages, quand ils auraient dû agir avant tout. Ceux-là proclamèrent l'œuvre nouvelle la plus belle production des temps modernes, et personne n'était disposé, du reste, à se faire la moindre concession.

Guyon, Beauvallet, Ligier, Geffroy, Mme Mélingue et Mlle Denain jouaient les principaux rôles ; la mise en scène était d'un grand luxe, et le Théâtre-Français, en un mot, avait fait les choses dignement.

En même temps que les *Burgraves*, la reprise de *Phèdre*, par Mlle Rachel, attirait une foule compacte et enthousiaste ; le chef-d'œuvre de Racine semblait aussi, dans les circonstances du moment, former un singulier contraste. Quant au rôle de Phèdre, ce rôle immense, le plus vaste qu'il y ait au théâtre, peut-être dans tout le répertoire classique, il faut l'avoir vu joué par Mlle Rachel pour se faire une idée complète de la haute intelligence, de la profondeur de composition, de l'art admirable de la célèbre tragédienne. Sans doute, il y a encore des parties faibles, la sensibilité est toujours absente ; mais dans toutes les parties du rôle qui touchent aux cordes de Mlle Rachel, l'actrice arrive à la perfection et se montre sublime de pantomime et d'expression. L'ensemble de la tragédie était cependant assez triste, à l'exception de Fonta, chargé de dire le fameux récit de Théramène, et qui s'en est acquitté avec une incontestable supériorité.

Nous passerons à pieds joints par-dessus les

deux reprises de l'*Enfant trouvé*, de Picard et Mazère, et du *Confident par hasard*, de Faur, petite pièce oubliée depuis longtemps, écrite d'abord pour Molé, et que Périer, par fantaisie, voulait jouer une fois ou deux.

Au bénéfice de l'acteur Riché, jeune comique qui montre d'heureuses dispositions, et pour lui donner les moyens de satisfaire aux lois du recrutement militaire, la Comédie-Française consentit à donner une représentation du *Bourgeois-Gentilhomme*, dans laquelle reparut, dans le rôle de Nicole, Mlle Dupont, admise à la retraite depuis 1840, et revenue d'un voyage en Russie. On ne pouvait que revoir avec plaisir l'excellente soubrette, qui fut applaudie vivement.

Vraiment, le Théâtre-Français faisait de grands efforts pour lutter contre l'indifférence du public. La vie et le mouvement semblaient revenir pour l'animer et le rajeunir. *Phèdre* et les *Burgraves* attiraient la foule, et entretenaient l'attention universelle et les discussions. (Au théâtre, lutter et discuter, c'est vivre.) Et voici venir *Judith*, tragédie biblique de Mme Emile de Girardin. On savait que la représentation de cet ouvrage était due à de hautes influences étrangères au mérite littéraire qu'il pouvait avoir, et le talent spirituel et gracieux de l'auteur semblaient être une garantie de succès. De plus, Judith était la première *création* de Mlle Rachel. Par malheur, le sujet, peu dramatique, ne comportait point d'intérêt, et les auditeurs attentifs ne purent que goûter l'heureuse ordonnance d'une poésie aimable et correcte, sans avoir le droit légitime de proclamer une réussite véritable à la première représentation. Beauvallet, chargé du rôle d'Holopherne, vint annoncer que l'auteur désirait garder l'anonyme; mais le nom de Mme de Girardin était connu de tous, et chacun dut approuver la discrétion qui évitait de livrer le nom d'une femme de talent aux chances d'une opposition assez vive, que des raisons peu littéraires avaient pu soulever.

L'*Art et le Métier*, petit acte de MM. Masselin et Veyrat, passe inaperçu.

Mort de Monrose. Ses obsèques réunissent l'élite des hommes de lettres et des artistes. Samson prononce, sur la tombe de son vieux camarade, quelques paroles touchantes et bien senties.

Débuts, dans les soubrettes, de Mlle Bonval et de Mlle Georgina...; dans les jeunes premiers, de Berton, élève de M. Samson et de M. Delcour-Luguet.

Nous voici au mois de juin 1843. Insensiblement, nous nous rapprochons de la chronique contemporaine, et nous n'aurons plus bientôt qu'à enregistrer des faits que la critique de tous les jours examine avec un soin scrupuleux. Nous ne saurions mieux faire qu'elle. Cependant, pour notre compte, nous poursuivrons notre tâche jusqu'au bout.

La réception de Mme Mélingue, admise aux débuts comme sociétaire, empêchait d'autres actrices de dormir : Mlle Héléna Gaussin, par exemple, et Mlle Maxime. Toutes deux avaient fait leurs preuves, Mlle Maxime surtout, à laquelle, malgré les défauts qu'elle a, il faut bien reconnaître du talent. Le Comité a repoussé les prétentions de ces deux dames, jusqu'à plus ample information. Le Comité n'a que deux poids et deux mesures. Ou il reçoit aveuglément, comme contraint et forcé, absolument comme s'il jouait à qui perd gagne, ou son examen sévère cherche à pénétrer jusqu'aux plus humbles replis de l'intelligence et du savoir faire du comédien adepte et qui se soumet à sa cruelle censure. Il n'y a pas de milieu ; ou la nécessité vous proclame l'un des nôtres, ou nous n'avons pas assez d'yeux, assez d'oreilles, assez de jugement, pour ne pas trouver dans votre talent un côté faible, une paille, quelque légère qu'elle puisse être, paille funeste qui vous rend indigne de notre perfection. Il n'existe pas de feuilleton plus inexorable que le Comité dans ces momens là.

Reprise de *Latréaumont*, et débuts de Mme Delvil, dans le rôle de Mlle de Belle-Isle. Après ses premiers essais, Mme Delvil était allée à Berlin, et en revenait, disait-on, avec un talent acquis. Au Théâtre-Français on a remarqué, en Mme Delvil, une physionomie douce, régulière et distinguée, une diction mesurée, un organe assez flatteur, mais peu de charme, et des moyens en réalité assez faibles.

M. Harel, qui venait de se révéler à la scène et faire preuve d'un incontestable esprit, le *Succès* donné à l'Odéon étant une charmante petite pièce, M. Harel n'a pas été aussi heureux au Théâtre-Français. Les *Grands et les Petits*, comédie satirique en cinq actes, ont manqué leur but, peut-être pour avoir voulu le dépasser, l'élément comique étant sacrifié dans cet ouvrage au désir de frapper juste et de frapper fort. Samson, Firmin, Provost, Geffroy, Régnier, MM^mes Mante et Denain, soutenaient cependant la pièce de leur mieux. Heureusement M. Harel, qui, plus que personne, connaît le monde et le théâtre, est homme à prendre une revanche éclatante, quand il se sera persuadé surtout que le scepticisme acerbe et qui désespère ne peut pas tenir lieu toujours de la gaîté et du rire que provoquera sans cesse la peinture exacte de nos ridicules et de nos vices dans une comédie bien entendue. Les *Grands et les Petits*, retirés du théâtre après quelques représentations, ont été livrés aux lecteurs, et cette fois, accompagnés d'une préface un peu acerbe, et qui contient de fort indiscrètes révélations.

Le rôle de Guanhumara n'ayant rien prouvé, en ce sens que certaines créations ne constituent pas un emploi, il fallait que Mme Mélingue fît ses preuves de sociétaire. Son premier début a donc eu lieu réellement le jour où elle a abordé Clytemnestre, dans *Iphigénie*. A l'exception de Ligier, *Achille*, plein de verve et de vigueur, c'était une triste représentation. Guyon, Marius, MM^{mes} Garrique et Noblet, remplissaient les autres principaux rôles, et quant à Mme Mélingue, véritable artiste comme désir de bien faire, comme bonne volonté, intelligente et studieuse, on a été obligé de lui dire qu'elle manquait encore des études du grand répertoire, des habitudes tragiques, et surtout de noblesse. Ces qualités sont inutiles dans la comédie ou le drame modernes. Mme Mélingue a donc essayé tour à tour le rôle de Mme Duresnel dans la *Mère et la Fille*, et de dona Florinde, dans *Don Juan d'Autriche*. En somme, Mme Melingue tiendra sa place honorablement à la

Comédie-Française ; mais si l'on a beaucoup exigé d'elle d'abord, sa position exceptionnelle donnait le droit aux spectateurs et à la critique d'être exigeans.

Rentrée de Périer dans les *Deux Frères*. Périer, le seul premier rôle actuel ayant conservé les traditions, le seul ayant encore l'ampleur et l'aisance de l'emploi; Périer, épuisé et malade, avait été dans le midi de la France rétablir sa santé délabrée. Les amateurs de la bonne comédie le revoyaient avec plaisir, et le regretteront quand l'heure de sa retraite, qui est imminente, aura sonné.

Bonne reprise du *Menteur*, par Firmin et Samson, d'une finesse exquise dans le rôle de Cliton. Troisième apparition à la Comédie-Française de Mme Héléna-Gaussin, dans Agrippine de *Britannicus* et Jocaste *d'OEdipe*. Cette tentative est tout aussi infructueuse que les deux premières. — Reprise du *Roman d'une heure*, petit acte d'Hoffmann, depuis longtemps abandonné au répertoire de la Porte-St-Martin, et première représentation des *Demoiselles de St-Cyr*, ouvrage à cinq mille francs de prime, vaudeville relégué dans un carton et arrangé pour le Théâtre-Français, en vertu de la haute munificence de son auteur. Que de bruit les *Demoiselles de St-Cyr* n'ont-elles pas fait? En

19

raison des hautes prétentions de M. Alex. Dumas, signataire de l'œuvre incomprise, la critique a été impitoyable. M. Dumas a protesté; son indignation, tombée toute entière sur M. J. Janin, nous a valu la plus piquante et la plus spirituelle réponse que M. Janin ait jamais écrite. Tout cela ne constituait qu'un grand scandale littéraire. Toute œuvre est soumise à l'examen, et la critique a des droits indestructibles. D'ailleurs, l'amour-propre froissé ne devrait au moins défendre que ce qui mérite d'être soutenu, et lorsque Molière, dans son admirable *Critique de l'École des Femmes*, tournait en ridicule ses détracteurs, il avait pour lui la raison, et un chef-d'œuvre pour l'appuyer. *Les Demoiselles de St-Cyr*, bien jouées par Firmin, Régnier, Brindeau, MM^{mes} Anaïs et Plessy, n'ont guères, en recettes, dépassé une moyenne de 15 ou 1,600 francs, et pour une pièce nouvelle, ce n'est pas ce qu'on doit appeler un succès.

Les protestations contre le système désastreux des primes étaient devenues si unanimes, si répétées, si bien motivées sur les derniers exemples de pièces chèrement payées par le théâtre, et lourdement tombées, que le Comité a fini par se rendre à l'évidence. Il a décidé que les primes de 1,000 francs par acte seraient à l'avenir supprimées. Une mesure pareille rachète bien des fautes ; mais elle est bien tardive, et le mal est fait. Il faudra du temps maintenant pour que la Comédie puisse profiter des bénéfices de son excellente résolution.

Rentrée de Mlle Rachel, après son congé annuel de trois mois.

Reprise de *Turcaret*. Cette reprise est froide, triste et malheureuse. Plusieurs rôles étant joués pour la première fois par leurs interprètes, l'ensemble manque. Provost, artiste très-supérieur, du reste, n'a pas les allures d'un personnage comme Turcaret ; acteurs et public, tout le monde ce jour-là est mal à l'aise, mécontent. Certains chefs-d'œuvre classiques deviennent-ils impossibles au Théâtre-Français ?

Nouveau système d'éclairage, c'est-à-dire substitution du gaz à l'huile. La Comédie-Française est lente à se conformer aux progrès.

Débuts de Randoux, jeune élève du Conservatoire et de Michelot. Il paraît dans Curiace d'*Horace*, Nemours, de *Louis XI*. Un physique agréable, un organe souple, de l'intelligence et de bonnes études préviennent en faveur du débutant, que le Théâtre-Français reçoit à titre de pensionnaire. Même procédé à l'égard de Mlle Araldi. La Comédie l'engage pour un an. Mlle

Araldi, qui s'est essayé d'abord dans Eryphile, d'*Iphigénie*, et Emilie, de *Cinna*, n'a qu'un talent inégal sans doute; mais elle a de l'âme, de l'inspiration, et son acquisition est excellente, en raison des espérances sérieuses qu'elle donne.

Mort de Mme Paradol, sociétaire retirée à Nanterre, et de Mlle Emilie Leverd, à Paris.

Encore une espérance déchue! *Eve*, drame en cinq actes, de M. Léon Gozlan, œuvre d'imagination et produit brillant d'un esprit heureux et facile, *Eve* vient prouver une fois encore qu'un style élégant et poétique, et toutes les inventions les plus piquantes de la fantaisie ne peuvent pas constituer en France une pièce de théâtre, qui exigera toujours d'autres conditions. On a crié au parti pris et à l'injustice. Hélas! non, et dans l'insuccès du drame de M. Gozlan, il n'y a pas le moindre mauvais vouloir de la part de personne. Un roman mis à la scène est, de tous les ouvrages dramatiques, le plus difficile, pour ne pas dire le plus impossible. Il faut au théâtre de la vérité, ou au moins de la vraisemblance; une action claire, raisonnable, bien conduite, des évènemens et des personnages qui intéressent. Que d'œuvres charmantes à la lecture ne pourraient pas supporter l'épreuve de la scène! *Eve*, de M. Léon Gozlan, n'est-elle pas un peu dans ce cas-là, et n'aurait-elle pas fait une délicieuse nouvelle? Acteurs dans la pièce : Firmin, Guyon, Ligier, Mirecour, Brindeau, MM^{mes} Mélingue et Plessy.

Mort de Saint-Paul. M. Charles Desnoyers, auteur dramatique, est promu aux fonctions de régisseur-général du Théâtre-Français.

Nous marchons toujours de chutes en chutes, de déceptions en déceptions. La *Tutrice*, comédie en trois actes, de MM. Scribe et Paul Duport, jouée par Brindeau, Provost, MM^{mes} Plessy et Brohan, n'apparaît encore de loin en loin sur l'affiche que grâce au nom populaire de son auteur. Mais, M. Scribe, que sont devenues vos grandes pièces d'autrefois ?

Suppression de la loge gratuite accordée à la Commission des théâtres royaux.

MORT DE CASIMIR DELAVIGNE ! Cet événement, au point de vue littéraire (nous ne pouvons pas ici en avoir un autre) déplorable pour les lettres françaises, est plus funeste encore pour le Théâtre-Français. M. Casimir Delavigne paraisssait être le dernier représentant de la comédie en vers, de la comédie de caractères, de ces œuvres écrites avec loyauté et conscience, avec talent toujours. Et, ne semble-t-il pas, à mesure que nous avançons dans notre récit, qu'un mauvais génie, génie de destruction et de malheur, plane sur les destinées de la Comédie-Française? Aux obsèques de Casimir Delavigne, toute la Comédie était représentée, et Samson, dans un discours digne et vrai, a exprimé les regrets de tous. Le soir, le Théâtre-Français faisait relâche en signe de deuil.

Le jour même de la terrible nouvelle, le jour même où l'on apprenait officiellement la perte immense que l'art venait de faire, ce jour-là on reprenait *Tibère*, magnifique tragédie de Marie-Joseph Chénier. *Tibère* est une pièce toute cornélienne, dans laquelle respire, au plus haut degré, une admirable entente des caractères antiques et de la splendeur romaine. Cette reprise, peu productive au point de vue des résultats financiers, est trop honorable pour que la Comédie n'en retire pas une gloire réelle, d'autant plus que tout le monde y fait bien son devoir : Ligier, Marius, Geffroy, Guyon et Mlle Araldi. Pourquoi ne pas avoir confié le rôle de Mlle Araldi, à qui nous rendons cependant toute justice, à Mlle Rachel? le théâtre en aurait retiré un double avantage, l'honneur qu'il a, et le profit qu'il n'a pas obtenu.

Rétablissement des billets gratuits avec droit des pauvres, même de 50 c. par place. Nous ne pouvons pas nous élever avec trop d'énergie contre cette décision désastreuse. Soyez donc logiques, et baissez le prix des places ; l'art se popularise de plus en plus, placez-le à la portée de tous, mais ayez la franchise de vos actes. Que la Comédie-Française, richement dotée et subventionnée, descende au niveau des exigences de l'époque, on le comprendra, mais qu'elle se mette au rabais, ceci n'est pas admissible, et la plaie des billets avec droits, qui a ruiné d'autres scènes secondaires, sera bien autrement funeste au Théâtre-Français.

Engagement de Mme Volnys. Il faut espérer que cette actrice, qui a fait ses preuves, restera sur une scène à laquelle elle peut rendre des services importans.

Le 15 janvier 1844, un hommage, tardif sans doute, mais éclatant, a été enfin rendu à la mémoire du plus grand écrivain, du plus grand philosophe dont la France puisse s'enorgueillir. Ce jour-là, le monument (1) consacré à la gloire de Molière, et élevé dans la rue Richelieu, en face de la maison où la tradition veut que Molière soit mort,

---

(1) Ce monument est dû à M. Visconti, architecte pour la fontaine ; à M. Seur aîné, pour la statue de Molière, et à M. Pradier, pour les muses représentant la comédie sérieuse et la comédie enjouée.

est inauguré avec solennité ; le soir, représentation d'apparat, dont *Tartufe* et le *Malade imaginaire* avec la cérémonie font seuls les frais. Les détails de la cérémonie d'inauguration n'entrent pas dans le plan de notre récit, mais nous ne saurions mieux faire que de reproduire textuellement, le remarquable discours prononcé par M. Samson, au nom de ses camarades et du Théâtre-Français.

Constatons encore les reprises, pour Mlle Rachel, de *Bérénice*, tragédie de Racine, et de *don Sanche d'Aragon*, comédie héroïque de P. Corneille, arrangée et mise en trois actes par M. Planat; la première représentation d'un *Ménage parisien*, comédie en cinq actes et en vers, de M. Bayard, ouvrage qui a réussi, et notre tâche est accomplie. Nous suivrons toujours de nos vœux ardens et de nos souhaits sincères le Théâtre-Français dans ses moindres actes et dans sa prospérité, que l'on peut faire renaître si on le veut fermement. Nous aimons le Théâtre-Français, et nous prenons part vivement à sa gloire ; notre examen scrupuleux, et quelquefois sévère, les blâmes que nous avons cru devoir formuler, ne sont qu'une preuve incontestable de notre sérieux intérêt.

CONCLUSION.

—

La simple exposition des faits nous a démontré que la Comédie-Française, en pleine désorganisation de 1830 à 1833, n'avait dû d'être ramenée à des chances meilleures et à une sorte de prospérité, qu'à la direction de M. Jouslin de Lassalle, que cette prospérité s'était maintenue et avait pris des proportions plus sérieuses encore sous l'administration de M. Védel ; enfin, que la situation périclitante, les dangers pour l'avenir, la marche rapide dans une voie mauvaise, et la décadence plus rapide encore de la première scène du monde, dataient du retour au décret de Moscou, de 1840 à 1841, alors que les sociétaires ont repris la gestion de leurs intérêts.

Aujourd'hui les choses sont dans un état tel, le

péril en la demeure est si imminent, qu'il ne faudrait rien moins que la dissolution de la société et la reconstitution du Théâtre-Français sur de nouvelles bases, pour sauver l'art dramatique, ce grand art de la comédie, qui est l'une des gloires de la France, et que nous laissons s'oublier et périr sans chercher à le retenir ou peut-être à le sauver.

Par conséquent, si nous accusons les sociétaires de tout le mal qui a pu se faire, de notre part, c'est sans amertume; car nous n'ignorons pas que les sociétaires obéissent à leurs habitudes, à la lettre même de leur organisation intérieure. Ce ne sont pas les hommes que nous attaquons, c'est le système de la Société, tel qu'il existe, c'est un principe que nous croyons faux et absurde, en ce qu'il ne dépend pas des sociétaires de le changer. Evidemment, la responsabilité de tout ce qui se passe doit remonter plus haut.

Le texte littéral et complet du décret de Moscou, la charte actuelle de la Comédie-Française, a vieilli dans quelques-uns de ses articles les plus importans, parce qu'ils sont en contradiction avec nos mœurs actuelles et les nouvelles conditions d'existence de tous les théâtres de Paris. Autrefois, au moyen des ordres de début délivrés sur la demande du surintendant des spectacles, le Théâtre-Français pouvait s'enrichir facilement des talens qu'il convoitait. Aujourd'hui il n'y a pas de loi qui puisse forcer un acteur d'une scène secondaire à faire partie de la Comédie-Française, et sur dix artistes de Paris, il y en a neuf, à cette heure, qui préfèrent rester au Vaudeville, au Gymnase, ou aux Variétés, que d'attendre longuement, rue Richelieu, une position que la création de quelques rôles heureux leur procure beaucoup plus vite sur leur théâtre respectif. Reste pour le Théâtre-Français la ressource du Conservatoire. Malheureusement, l'école de déclamation peut faire des élèves, mais elle ne forme pas des comédiens. Quant à la comédie en province, sauf de très-rares exceptions individuelles, elle n'existe plus.

Le système des pensions a contribué puissamment, depuis deux siècles, à l'existence du Théâtre-Français ; ce système est consacré. Il s'appuie sur une rente de cent mille francs affectée au service des comédiens à la retraite ; ce n'est donc pas ce système excellent que nous condamnons ; c'est la Société administrée, gérée, gouvernée par la Société.

Il faut un directeur au Théâtre-Français, un directeur qui n'ait de compte à rendre qu'au ministre; un directeur dont la volonté, souveraine vis-à-vis des acteurs, soit libre de toutes entraves, exempte de toutes tracasseries; le Comité administrateur, agissant au nom d'une société, ne peut que jusqu'à un certain point contracter, avec les talens étrangers au Théâtre-Français, des engagemens dont les conditions, souvent onéreuses, risqueraient de compromettre les intérêts communs, tandis qu'un directeur responsable aurait tous les droits de courir les chances d'une exploitation.

A l'heure qu'il est, le Théâtre-Français a des dettes; la position s'aggrave de jour en jour et de plus en plus. Le ministre dispose de la subvention, dans ce sens qu'il en règle l'emploi; qu'il applique les deux cent mille francs distribués partiellement aux sociétaires, à l'extinction de ces dettes, qu'un directeur soit nommé, en lui adjoignant un commissaire royal pour surveiller ses opérations en ce qui concerne ses rapports avec l'Etat; que l'Etat garantisse le paiement des pensions; mais que tout ce qui constitue les droits et priviléges d'un sociétaire actuel, soit comme administration, soit comme contrôle, soit supprimé, et nous pensons qu'on aura fait beaucoup dans l'intérêt du Théâtre-Français.

Que voulez-vous que devienne une institution

dont le personnel tient le raisonnement suivant :
« Au moyen de la subvention qui nous est partagée, notre existence individuelle est sûre. Quant au théâtre, la question est pour nous secondaire; qu'il y ait perte plus ou moins forte, nous n'en touchons pas moins nos appointemens. La Comédie contracte des dettes, mais le ministre est responsable, et l'Etat paiera. Il paiera, parce que le Théâtre-Français ne peut pas faillir. Les chances fâcheuses sont pour l'Etat; la position immuable est pour nous; donc tout va pour le mieux dans le meilleur des théâtres possibles; tenons-nous en là. »

Qu'y a-t-il à répondre à cette logique? Exagérons-nous? La situation n'est-elle pas ce que nous venons de la peindre? et serait-il raisonnable et sage de suivre longtemps les mêmes erremens?

Le temps où le Théâtre-Français se soutenait par ses propres forces, où les recettes effectuées permettaient de partager d'honorables bénéfices, ce temps-là n'existe plus. Certains articles du décret de Moscou n'ont plus de force par ce fait même. Les mêmes conditions vitales n'existant plus, la loi constitutive doit changer de même, ou se modifier, si mieux vous aimez.

Pour ramener les beaux jours de recette à la

Comédie-Française, il faudrait presque un miracle, il faudrait des choses qui paraissent impossibles ; c'est une question de hasard et de circonstances, c'est une question de temps. Il n'y a plus de répertoire classique, parce qu'il n'y est que trop faiblement joué ; le Théâtre-Français n'est donc plus un enseignement ni une école ; il n'y a plus de répertoire moderne, et à l'aide de quelques noms propres nous le prouverions suffisamment. Quant au personnel, le voici :

—

SOCIÉTAIRES ACTUELS DE LA COMÉDIE-FRANÇAISE.

MM. Samson, Périer, Ligier, Beauvallet, Geffroy, Régnier, Provost, Guyon, Brindeau ;

MM^{mes} Desmousseaux, Mante, Anaïs, Plessy, Noblet, Rachel, Brohan, Mélingue.

M. Samson est un comédien de talent, un homme instruit et d'infiniment d'esprit ; reste à savoir si la nature même de son talent lui permet de tenir l'emploi de la grande livrée dans toute son intégralité ; M. Régnier n'est qu'un second comique, ou un comique de genre ; personne n'a remplacé Armand Dailly ; Périer est à la fin de sa carrière ; Ligier, le seul qui ait conservé les traditions de Talma ; Beauvallet, doué d'un talent d'inspiration, mais inégal, se renferment à peu près spécialement dans la tragédie ; il n'y a qu'un seul financier, M. Provost, chargé des financiers proprement dits, des rôles à manteaux et des grimes ; il n'y a pas de pères nobles pour la comédie ; Brindeau est seul pour les jeunes premiers, et bientôt pour les premiers rôles en chef ; nous ne trouvons pas de raisonneur ; Mme Desmousseaux, actrice inappréciable à la vérité, n'a pas de double pour les caractères ; Mlle Mars a laissé ses rôles sans interprète ; MM^mes Mante, Anaïs et Plessy n'abordent guère les grandes coquettes, et cela pour des raisons qui leur sont à chacune particulières ; Mlle Brohan tient pour ainsi dire seule tout l'emploi des soubrettes. Quant à Mlle Rachel, elle est au Théâtre-Français, heureusement.

Nous ne parlerons pas de Firmin, un des anciens de la bonne comédie ; il n'est plus sociétaire, et se retirera au premier jour, mais encore trop tôt.

Pour ne pas faire une critique de personnalités, nous ne donnerons pas les parts individuelles touchées par chaque sociétaire, la question d'art n'est pas là.

Le Théâtre-Français a-t-il jamais été aussi

pauvre en talens? Dix-sept sociétaires, sur vingt-deux que le décret de Moscou exige, et cela quand le ministre a le droit, en vertu de l'art. 67, de créer des sociétaires à son gré!

Maintenant, en additionnant les ressources du Théâtre-Français, les frais généraux qui lui restent à couvrir, année commune, au moyen des recettes, sont environ de 600,000 francs. Quant au chiffre des pensions de retraite, il excède de beaucoup la rente de cent mille francs. En voici la liste nominative :

SOCIÉTAIRES RETIRÉS DE LA COMÉDIE-FRANÇAISE, ACTUELLEMENT EXISTANS.

MM. Dupont	4,000	Report	77,200
Armand	7,800	Mmes Talma	5,200
Lafon	7,200	Desbrosses	4,000
Michelot	6,400	Thénard	7,600
Cartigny	5,000	Emilie Contat	6,200
Firmin	5,000	Demerson	5,000
Joanny	5,000	Mars	8,400
David	5,000	Dupuis	6,400
Guiaud	5,000	Menjaud	5,000
Armand Dailly	5,000	Dupont	7,000
Desmousseaux	6,800	Tousez	6,400

Menjaud.....	5,000	Brocard........	5,000
St-Aulaire....	5,000	Hervey.......	4,850
Védel, ex-dir.	5,000	Total...	148,250
A reporter.	77,200		

Pensions affectées à quelques auteurs pensionnaires et aux employés de la Comédie, environ................................... 20,000

Total général......... 168,250

En supposant, ce que nous ne croyons pas, qu'il y ait erreur dans les chiffres de ce tableau, cette erreur n'est pas grave, et quelques cents francs, et même quelques mille francs de plus ou de moins, ne changeraient pas la situation. Mettez que le Théâtre-Français, malgré notre conviction sur la justesse de nos calculs, ne doit faire face qu'à 150 ou 170 mille francs de pensions, et vous aurez la somme approximative qui grève la Comédie annuellement.

Remarquez que le décret de Moscou avait tout prévu ; que les sociétaires, au nombre de vingt-deux, avaient à partager vingt-quatre parts, dont une part pour les besoins imprévus, une demi-part mise en réserve pour augmenter le fonds des pensions de la société, et une demi-part pour frais de décorations, ameublemens, costumes, etc.

Or, aujourd'hui, il n'y a point de parts à partager, pas même entre les sociétaires. Il n'y a que cent mille francs affectés aux pensions, qui vont à plus de 150 mille, et il y a des charges d'origine nouvelle, inconnues dans le temps du décret de Moscou : les frais de succès, par exemple, et les primes.

Maintenant, si de la situation matérielle nous passons à la situation morale, littéraire de la Comédie-Française, le récit est encore plus triste. Dans le répertoire moderne, nous ne trouvons point de but, ni dans un sens, ni dans un autre, point de portée sérieuse, nulle direction salutaire; c'est un répertoire inutile à l'art, et qui ne cherche d'autre résultat que de réaliser des recettes aux dépens du genre élevé de la comédie, souvent aux dépens de la langue et du bon goût. Le pire, c'est qu'en sacrifiant aux idées courantes, le Théâtre-Français, qui ne cherche que de l'argent, n'en trouve pas, et il est constant que, depuis dix-huit mois, les sociétaires essoufflés courent après un succès qu'ils ne parviennent pas à obtenir. Le mal, d'ailleurs, remonte déjà à quelques années, et ce n'est qu'aujourd'hui que les terribles conséquences commencent à se faire sentir. A l'heure qu'il est, le sauveur habituel du Théâtre-Français, M. Scribe, en est à son second ouvrage sans réussite : le *Fils de Cromwell* et la *Tutrice*, c'est-à-dire que la comédie de genre, la comédie facile, si remplie d'attraits pour quelques comédiens ordinaires, la comédie de genre semble avoir dit son dernier mot. Un autre chef d'école, illustre entre tous, qui avait au moins le privilége d'attirer autour de ses œuvres du mouvement, de vives passions, de la sympathie et de la haine, M. Victor Hugo, resté inébranlable dans ses convictions, aventurait les *Burgraves* au moment même où la réaction, en faveur de la simplicité dans l'expression et dans la contexture du drame, donnait un libre cours à son antipathie pour ce que quelques-uns n'ont pas craint d'appeler les erreurs d'un moment : les *Burgraves* à côté de *Lucrèce*. Quant à M. Casimir Delavigne, cet écrivain si plein de tact, toujours aimable et correct; M. Delavigne, hélas ! n'existe plus

En d'autres termes, la forme classique pure ne produit rien depuis longtemps : le genre secondaire, la comédie-vaudevillisée, semble épuisée de ses efforts ; la comédie d'intrigue, le drame à émotions fortes, sont à bout d'inventions et de sujets ; le lyrisme pur cède la place à la vérité scénique, et les exigences classiques, mitigées par toutes les concessions dans le sens de la nouvelle école, mais autorisées toujours par les convenances, toutes les ressources, enfin, de chaque système dramatique, ont abandonné le Théâtre-Français.

En désespoir de cause, les sociétaires ont frappé à toutes les portes; ils ont appelé à eux des auteurs nouveaux, et ces premiers essais ont tous été malheureux. *Judith*, *Eve*, etc., sont d'honorables tentatives qui épuisent la Comédie-Française sans profit.

Il manque au Théâtre-Français des comédiens pour interpréter les chefs-d'œuvre littéraires classiques qu'il possède : il manque au Théâtre-Français des auteurs et de bons ouvrages; mais comme il ne peut ni créer les uns, ni inventer ou inspirer les autres, il faut attendre forcément. En attendant, le Théâtre-Français a besoin d'une reconstitution nouvelle, forte, durable et logique. Donnez-la lui, il se retrouvera alors en mesure de profiter de la fortune que le temps lui ramènera.

DISCOURS

PRONONCÉ PAR LE DOYEN DES SOCIÉTAIRES DE LA COMÉDIE-FRANÇAISE (M. SAMSON), A L'INAUGURATION DU MONUMENT DE MOLIÈRE.

15 JANVIER 1844.

Messieurs,

Conviée à cette grande fête nationale, la Comédie-Française, en présence du pompeux triomphe que le pays décerne à la mémoire de Molière, ne saurait garder le silence, sans manquer à ses plus glorieux comme à ses plus touchans souvenirs. Quelque éclat qu'aient répandu sur elle tant de plumes illustres et ces brillantes générations de talens qui portèrent si loin la puissance de l'action théâtrale, son plus grand, son éternel honneur est d'avoir compté parmi ses membres l'auteur de *Tartufe* et du *Misanthrope*. Vivant, il créa la gloire de notre scène, il en dirigea les destinées, il lui consacra toutes les facultés de son génie, toutes les forces de son intelligence, et presque tous les momens d'une vie souffrante et tourmentée. Mort, il lui a légué l'éternel prestige de son nom et l'immortalité de ses œuvres. Aussi, parmi nous, au sein de cette société qui fut son ouvrage, une pieuse reconnaissance vient se mêler à l'enthousiasme universel, et nous voudrions qu'on ne trouvât point trop d'orgueil dans le sentiment filial que nous inspire une telle mémoire.

Molière fut un grand, fut un vrai philosophe. Peu soucieux de cette superbe philosophie, toujours dédaigneuse du présent, et se glorifiant par avance de l'avenir impossible qu'elle promet à l'humanité, il enseigna cette philosophie de tous les temps, qui agit au lieu de rêver, et s'exerce sur soi-même avant de s'en prendre à la société tout entière.

Il ne se borna pas à l'enseigner, il la mit en pratique ; car la conformité entre les écrits et les actions fut encore un des beaux caractères de ce grand siècle ; alors la plume n'était que la sincère interprète, que le noble instrument de la pensée, et dans tout ce qu'écrivit Molière, on sent battre le cœur d'un véritable homme de bien. Mais par quel art prodigieux a-t-il su rendre la raison si plaisante et le rire si moral ? Nous aimons à voir la scène, peuplée par sa verve puissante et féconde, les vices et les travers de l'homme parler, agir, se mouvoir, s'agiter, vivre enfin de cette vie comique et passionnée dont le spectacle est tout ensemble un plaisir et une leçon. Il a marqué du cachet de sa supériorité originale jusqu'à ses courtes productions, gais intervalles de travaux plus sérieux, rapides ébauches où jaillissent à tous momens, comme à son insu, des traits d'une observation fine et pénétrante, tant était prompte à se trahir chez lui cette vaste science du cœur humain, dans laquelle il n'a jamais rencontré de maîtres ni d'égaux! La nature lui avait départi avec libéralité ce bon sens profond qui s'appelle le génie.

On a dit souvent que les anciens nous l'eussent envié, et, grâce à lui, les nations modernes les plus jalouses de toutes nos splendeurs reconnaissent que le sceptre de la comédie appartient à la France : aux yeux du monde entier, le poète du dix-septième siècle a pris rang parmi ces grands noms de l'antiquité dont la gloire ne se discute plus.

Le théâtre est un champ de bataille où les luttes sont plus vives, plus acharnées que dans les autres arènes littéraires; c'est là surtout que la victoire donne des ennemis. Aux haines de la rivalité, de l'impuissance, de l'envie, il faut ajouter, pour l'auteur comique, des inimitiés peut-être plus redoutables encore; la ressemblance de ses portraits soulève contre lui les modèles. Ainsi s'explique la vie orageuse du peintre de *Tartufe*; telle fut la source de cette éternelle persécution, contre laquelle un grand roi eut quelquefois peine à le soutenir. Hélas! il manqua toujours au poète persécuté la consolation d'une âme tendre et fidèle, les charmes de la vie intérieure, plus efficaces contre les chagrins qui viennent du dehors que la faveur du pouvoir et le bruit de la renommée.

Sa vie avait été brillante et douloureuse ; sa mort fut outragée: pourquoi?... vous le savez, messieurs, et je ne veux point le redire... Avant Molière, Shakspeare avait été comédien : singulière ressemblance entre ces deux grands penseurs ! éclatant honneur pour un art difficile auquel un préjugé barbare a trop souvent fait expier ses triomphes ! Mais Shakspeare ne fut point privé des honneurs funèbres, mais Garrick a été conduit à Westminster parmi des tombes royales, et Molière, le grand poète de la France..... joserai-je poursuivre, Messieurs ? oserai-je vous rappeler qu'à la place même où nous sommes, de grossières clameurs insultèrent sa mémoire ? Ces lieux, vous le savez, sont tout empreints du souvenir de ce grand homme. Nous voyons la maison où il vint achever de mourir ; car la mort lui avait porté ses premiers coups au milieu des rires du théâtre ; là, ses restes attendirent pendant sept jours entiers une sépulture qu'ils n'eussent point obtenue sans l'intervention de la haute puissance royale, toujours fidèle à Molière ; et quand l'illustre mort partit enfin pour sa dernière demeure, ce fut la nuit, à la lueur pâle des flambleaux, dans un honteux silence : pas un hymne pieux, pas un temple pour la cendre de ce juste, sur laquelle l'anathème était lancé au nom du Dieu qui pardonne, par des hommes qui n'ont jamais pardonné.

Aujourd'hui, quel imposant, quel magnifique contraste ! Au lieu d'un cercueil proscrit et fuyant dans l'ombre, c'est la vivante image du poète philosophe se dévoilant à nos regards le jour anniversaire de sa naissance et près du lieu de sa mort. Ce sont les gloires de la patrie, les magistrats de la cité, la cité tout entière saluant, dans ce bronze qui nous a manqué si longtemps, un des plus grands noms de Paris, une des plus belles gloires de la France ; et d'illustres voix, auxquelles ma voix obscure ne s'associe qu'en tremblant, viennent ajouter l'éclat de leur éloquence aux pompes de cette solennité populaire.

Ombre d'un grand homme (car j'aime à croire en ce moment en ta présence mystérieuse; j'aime à me représenter ta figure pensive remerciant la France par un sourire), loin d'accuser mon audace, couvre ma faiblesse de ta généreuse indulgence ; la mission que je suis venu remplir au pied de ton monument, je ne l'ai point briguée, et, tout tremblant d'un tel honneur, j'aurais voulu m'y soustraire ; mais c'eût été mal reconnaître une confiance dont je suis fier ; c'eût été manquer à un saint devoir envers le grand artiste qui mourut pour s'être dévoué au sien. Dans ce jour, un des plus glorieux que puissent enregistrer les fastes dramatiques, la Comédie Française, rassemblée ici tout entière devant toi, éprouve une émotion de bonheur dont l'expression se refuse à mon insuffisance. Que son aspect réveille en toi de doux souvenirs ! veille sur le théâtre qui te fut cher, où plane ta mémoire, où règne ta pensée !

Ne nous déshérite point de cette affection toute paternelle dont tu donnas des gages nombreux à ceux de nos devanciers qui eurent l'honneur d'être tes camarades. Leurs talens, formés par tes leçons et tes exemples, apportaient dans la représentation de tes chefs-d'œuvre une perfection attestée par leurs contemporains. Le fil de leurs précieuses traditions a pu se rompre quelquefois, mais le culte de ton génie n'a jamais eu d'interruption parmi nous ; et si un sentiment de convenance, auquel j'obéis à regret, m'interdit de nommer celui dont les heureux efforts ont hâté la tardive consécration de ta gloire, je puis du moins invoquer ce souvenir récent comme un irrécusable témoignage de l'admiration tout à la fois respectueuse et passionnée dont nous sommes animés pour le père de la comédie. C'est là une pieuse tradition qui n'est pas oubliée, un héritage sacré qui, reçu et transmis par nous, ne périra qu'avec le noble édifice dont tu posas les fondemens.

DÉCRET DE MOSCOU.

15 OCTOBRE 1812.

—

TITRE Ier.

DE LA DIRECTION ET SURVEILLANCE DU THÉATRE-FRANÇAIS.

Article 1er. Le Théâtre-Français continuera d'être placé sous la surveillance et la direction du surintendant de nos spectacles.

2. Un commissaire impérial, nommé par nous, sera chargé de transmettre aux comédiens les ordres du surintendant. Il surveillera toutes les parties de l'administration et de la comptabilité.

3. Il sera chargé, sous sa responsabilité, de faire exécuter, dans toutes leurs dispositions, les règlemens et les ordres de service du surintendant. A cet effet, il donnera personnellement tous les ordres nécessaires.

4. En cas d'inexécution ou de violation des règlemens, il en dressera procès-verbal, et le remettra au surintendant.

TITRE II.

DE L'ASSOCIATION DU THÉATRE-FRANÇAIS.

SECTION Ire. — DE LA DIVISION EN PARTS.

5. Les comédiens de notre Théâtre-Français continueront d'être réunis en société, laquelle sera administrée selon les règles ci-après :

6. Le produit des recettes, tous les frais et dépenses prélevées, sera divisé en vingt-quatre parts.

7. Une de ces parts sera mise en réserve, pour être affectée, par le surintendant, aux besoins imprévus : si elle n'est pas employée en entier, le surplus sera distribué à la fin de l'année entre les sociétaires.

8. Une démi-part sera mise en réserve pour augmenter le fonds des pensions de la Société.

9. Une demi-part sera employée annuellement en décorations, costumes de magasin, réparations des loges et entretien de la salle, d'après les ordres du surintendant. Les réserves ordonnées par les articles 7, 8 et 9, n'auront lieu que successivement et à mesure des vacances.

10. Les vingt-deux parts restantes continueront d'être réparties entre les comédiens-sociétaires, depuis un huitième de part jusqu'à une part entière, qui sera le maximum.

11. Les parts ou portions de parts vacantes seront accordées ou distribuées par le surintendant de nos spectacles.

SECTION IIe. — DES PENSIONS ET RETRAITES.

§ Ier. — *Du temps nécessaire pour obtenir la pension, et de sa quotité.*

12. Tout sociétaire qui sera reçu contractera l'engagement de jouer pendant vingt ans; et, après vingt ans de services non interrompus, il pourra prendre sa retraite, à moins que le surintendant ne juge à propos de le retenir. — Les vingt ans dateront du jour des débuts, lorsqu'ils auront été immédiatement suivis de l'admission à l'essai, et ensuite dans la Société.

13. Le Sociétaire qui se retirera après vingt ans aura droit : 1° à une pension viagère de deux mille francs, sur les fonds affectés au Théâtre-Français par le décret du 13 messidor an X; 2° à une pension de pareille somme sur le fonds de la Société dont il est parlé à l'article 8.

14. Si le surintendant juge convenable de prolonger le service d'un Sociétaire au-delà de vingt ans, il sera ajouté, quand il sortira, cent francs de plus par an à chacune des pensions dont il est parlé à l'article précédent.

15. Un Sociétaire qu'un accident imprévu ayant pour cause immédiate le service de notre Théâtre-Français ou des théâtres de nos palais, obligerait de se retirer avant d'avoir accompli ses vingt ans, recevra en entier les pensions fixées par l'article 13.

16. En cas d'incapacité de service, provenant d'une autre cause que celle énoncée en l'article 15, le Sociétaire pourra, même avant les vingt ans de service, être mis en retraite par ordre du surintendant. En cas, et s'il a plus de dix ans de service, il aura droit à une pension sur les fonds du Gouvernement, et une sur les fonds des Sociétaires : chacune de ces

pensions sera de cent francs par année de service s'il était à part entière, de soixante-quinze francs s'il était à trois quarts de part, et ainsi dans la proportion de sa part dans les bénéfices de la Société.

17. Si le sociétaire a moins de dix ans de service, le surintendant pourra nous proposer la pension qu'il croira convenable de lui accorder, selon les services rendus à la Société et les circonstances où il se trouvera.

18. Toutes ces pensions seront accordées par décisions rendues en notre conseil d'Etat, sur l'avis du Comité, comme il a été statué pour notre Académie Impériale de Musique, par notre décret du 20 janvier 1811.

§ II. — *Des moyens de paiement des pensions.*

19. Les pensions accordées sur le fonds de cent mille francs de rente accordé par nous à notre Théâtre-Français seront acquittées tous les trois mois sur les fonds qui seront touchés à la caisse d'amortissement.

20. En cas d'insuffisance, il y sera pourvu avec la part mise en réserve pour les besoins imprévus.

21. Pour assurer le paiement des pensions accordées sur les fonds particuliers de la Société, il sera prélevé chaque année et mois par mois, sur la recette générale, une somme de cinquante mille fr.

22. Cette somme sera versée entre les mains du notaire du Théâtre-Français, et placée par lui, à mesure, pour le compte de la Société, selon les règles prescrites par l'article 32.

23. Aucun Sociétaire ne peut aliéner ni engager la portion pour laquelle il contribue au fonds de cette rente.

24. A la retraite de chaque Sociétaire ou à son décès, le remboursement du capital de cette retenue sera fait à chaque

Sociétaire où à ses héritiers, au prorata de ce qu'il y aura contribué.

25. Tout Sociétaire qui quittera le théâtre sans en avoir obtenu la permission du surintendant, perdra la somme pour laquelle il aura contribué, et n'aura droit à aucune pension.

26. Jusqu'à ce qu'au moyen des dispositions ci-dessus, une rente de cinquante mille francs soit entièrement constituée, les pensions de la Société seront payées tant sur les intérêts des fonds mis en réserve que sur les recettes générales de chaque mois.

27. Quand la rente sera constituée, s'il y a excédant après le paiement annuel des pensions, il en sera disposé pour l'avantage de la Société, avec l'autorisation du surintendant.

SECTION IIIe. — DE LA RETRAITE DES ACTEURS AUX APPOINTEMENS ET EMPLOYÉS.

28. Après vingt ans ou plus de services non interrompus par un acteur ou une actrice aux appointemens, après dix ans de services seulement en cas d'infirmité, enfin en cas d'accident, comme il est dit pour les Sociétaires, article 15, le surintendant pourra nous proposer d'accorder, moitié sur le fonds de cent mille francs, moitié sur celui de la Société, une pension, laquelle, tout compris, ne pourra excéder la moitié du traitement dont l'acteur ou l'actrice aura joui les trois dernières années de son service.

29. Le commissaire impérial pourra aussi obtenir une retraite ou pension d'après les règles établies en l'article 28 ; mais elle sera payée en entier sur le fonds de cent mille francs.

TITRE III.

SECTION 1re. — DE L'ADMINISTRATION DES INTÉRÊTS DE LA SOCIÉTÉ.

30. Un Comité composé de six hommes membres de la Société, présidé par le commissaire impérial, et ayant un secrétaire pour tenir registre des délibérations, sera chargé de la régie-administration des intérêts de la Société. — Le surintendant nommera, chaque année, les membres de ce Comité. — Ils seront indéfiniment rééligibles. — Trois de ses membres seront chargés de l'expédition de ses résolutions.

31. Le surintendant pourra les révoquer et remplacer à volonté.

32. Les fonctions de ce Comité seront particulièrement : 1° de dresser, chaque année, le budget ou état présumé des dépenses de tous genre, de le soumettre à l'examen de l'assemblée générale des Sociétaires, et à l'approbation du surintendant; 2° d'ordonner et faire acquitter, dans les limites portées au budget pour chaque nature de dépenses, celles qui seront nécessaires pour toutes les parties du service, à l'effet de quoi un de ses membres sera préposé à la signature des ordres de fournitures ou de travail, et des mandats de paiement; 3° de la passation de tous marchés, obligations pour le service ou actes pour la Société; 4° d'inspecter, régler et ordonner dans toutes les parties de la salle, du théâtre, des magasins, etc.; 5° de vérifier les recettes, d'inspecter la caisse et de faire effectuer le paiement des parts, traitemens, pensions ou sommes mises en réserve selon le présent règlement; 6° d'exercer pour tous recouvremens ou en tout autre cas, tant en demandant qu'en défendant, toutes les actions et droits de la Société, après avoir toutefois pris l'avis de l'assemblée générale et l'autorisation du surintendant,

SECTION IIe. — DES DÉPENSES, PAIEMENS ET DE LA COMPTABILITÉ.

33. Le caissier sera nommé par le Comité et soumis à l'approbation du surintendant. Il fournira en immeubles un cautionnement de soixante mille francs, dont les titres seront vérifiés par le notaire du théâtre, qui fera faire tous les actes conservatoires au nom de la Société.

34. A la fin de chaque mois, les états de recette et de dépense seront arrêtés par le Comité, et approuvés par le commissaire impérial.

35. D'après cet arrêté et cette approbation seront prélevés sur la recette, d'abord les droits d'auteur, ensuite toutes les dépenses : 1° pour appointemens d'acteurs, traitemens d'employés ou gagistes; 2° la somme prescrite pour le fonds des pensions de la Société, 3° le montant des mémoires, tant pour dépenses courantes que fournitures extraordinaires.

36. Le reste sera partagé conformément aux articles 6, 7, 8, 9 et 10.

37. Le caissier touchera, tous les trois mois, à la caisse d'amortissement, le quart des cent mille francs de rente affectés au Théâtre-Français, et soldera avec ces vingt-cinq mille francs, et, au besoin, avec le produit de la part dont il est parlé à l'art. 7, sur des états dressés par le commissaire impérial et arrêtés par le surintendant : 1° les pensions des acteurs retirés ou autres pensionnaires; 2° les indemnités, pour supplément d'appointemens, accordées aux acteurs; 3° le traitement du commissaire impérial; 4° le loyer de la salle.

38. A la fin de chaque année, le caissier dressera le compte des recettes et dépenses pour les fonds de la Société.

39. Le compte sera remis au Comité, qui l'examinera et donnera son avis. Il sera présenté ensuite à l'assemblée générale des sociétaires, qui pourra nommer une commission de

trois de ses membres pour le revoir et y faire des observations, s'il y a lieu, dans une autre assemblée générale.—Enfin le compte sera soumis au surintendant, qui l'approuvera s'il y a lieu.

40. Le caissier dressera également le compte des cent mille francs accordés par le gouvernement, et des parts mises à la disposition du surintendant. Ce compte sera visé par le commissaire impérial et arrêté par le surintendant.

41. Sur la part réservée aux besoins imprévus, il pourra être accordé par le surintendant, aux acteurs ou actrices qui se trouveraient chargés de dépenses trop considérables de costumes ou de toilette, une autorisation pour se faire faire par le magasin les habits pour jouer un ou plusieurs rôles.

SECTION III. — DES ASSEMBLÉES GÉNÉRALES.

42. L'assemblée générale de tous les Sociétaires est convoquée nécessairement par le Comité, et a lieu pour les objets suivans : 1° Au plus tard, dans la première semaine du dernier mois de l'année, pour examiner et donner son avis sur le budget de l'année suivante, conformément au paragraphe 1ᵉʳ de l'article 32; 2° au plus tard, dans la dernière semaine du premier mois de chaque année, pour examiner le compte de l'année précédente, et ensuite pour entendre le rapport de la commission, s'il y en a eu une nommée.

43. L'assemblée générale doit être, en outre, convoquée par le Comité toutes les fois qu'il y a lieu à placement de fonds, actions à soutenir, en défendant ou demandant, dépenses à faire excédant celles autorisées par le budget; cas auxquels l'assemblée générale doit donner son avis, après quoi le surintendant décide, après avoir vu l'avis du conseil dont il est parlé au titre VII.

44. L'assemblée générale peut, au surplus, être convoquée

par ordre du surintendant, quand il juge nécessaire de la consulter, ou avec son autorisation, si le Comité la demande, pour tous les cas extraordinaires ou imprévus.

TITRE IV.

DE L'ADMINISTRATION THÉATRALE.

SECTION Ire.—DISPOSITION GÉNÉRALE.

45. Le Comité établi par l'article 30 sera également chargé de tout ce qui concerne l'administration théâtrale, la formation des répertoires, l'exécution des ordres de début, la réception des pièces nouvelles, sous la surveillance du commissaire impérial et l'autorité du surintendant.

SECTION IIe. — DU RÉPERTOIRE.

§ Ier.— *De la distribution des emplois.*

46. Le surintendant déterminera, aussitôt la publication du présent règlement, la distribution exacte des différens emplois. Il fera dresser en conséquence un état général de toutes les pièces, soit lues soit à remettre, avec les noms des acteurs ou actrices Sociétaires qui doivent jouer en premier, en double et en troisième, les rôles de chacune de ces pièces, selon leur emploi et leur ancienneté, afin qu'il n'y ait plus aucune contestation à cet égard.

47. Nul acteur ou actrice ne pourra tenir en premier deux emplois différens, sans une autorisation spéciale du surintendant, qui ne l'accordera que rarement, et pour de puissans motifs.

48. Si un acteur ou actrice tenant un emploi en chef veut jouer dans un autre; par exemple, si, tenant un emploi tra-

gique, il veut jouer dans la comédie, ou si, jouant les rôles de jeune premier, il veut jouer un autre emploi, il ne pourra primer celui qui tenait l'emploi en chef auparavant; mais il tiendra ledit emploi en second, quand même il serait plus ancien que son camarade. Notre surintendant pourra seulement l'autoriser à jouer les rôles du nouvel emploi qu'il voudra prendre, alternativement avec celui qui les jouait en chef ou en premier.

§ II. — *De la formation du répertoire.*

49. Le répertoire sera formé dans le Comité établi par l'article 30, auquel seront jointes, pour cet objet seulement, deux femmes sociétaires, conformément à l'arrêt du conseil du 9 décembre 1780.

50. Les répertoires seront faits de manière que chaque rôle ait un second ou **double** délégué, qui puisse jouer à défaut de l'acteur en premier, s'il a des excuses valables, et sans que, pour cause de l'absence d'un ou plusieurs acteurs en premier, la pièce puisse être changée ou sa représentation retardée.

51. Pour veiller à l'exécution du répertoire, deux sociétaires seront adjoints au Comité sous le titre de *semainiers*; chaque sociétaire sera semainier à son tour.

52. Si un double, étant chargé d'un rôle par le répertoire, tombe malade, le chef, se portant bien, sera tenu de le jouer, sur l'avis que lui en donnera le semainier.

53. Un acteur en chef ne pourra refuser de jouer ni abandonner tout à fait à son double aucun des premiers rôles de son emploi; il les jouera, bons ou mauvais, quand il sera appelé par le répertoire.

54. Aucun acteur en chef ne pourra se réserver un ou plusieurs rôles de son emploi. Le Comité prendra les mesures nécessaires pour que les doubles soient entendus par le public

dans les principaux rôles de leurs emplois respectifs, trois ou quatre fois par mois. Il veillera également à ce que les acteurs à l'essai soient mis à portée d'exercer leurs talens et de faire juger leurs progrès. Les acteurs jouant les rôles en second pourront réclamer, en cas d'inexécution du présent article; et le surintendant donnera des ordres sans délai pour que le Comité s'y conforme, sous peine envers l'acteur en chef opposant, et chacun des membres du Comité qui n'y auront pas pourvu, d'une amende de trois cents francs. Notre commissaire près le théâtre sera responsable de l'inexécution du présent article, s'il n'a dressé procès-verbal des contraventions, à l'effet d'y faire pourvoir par le surintendant, et de faire payer les amendes.

55. Nos comédiens seront tenus de mettre tous les mois un grand ouvrage, ou du moins deux petits ouvrages nouveaux ou remis. Dans le nombre de ces pièces seront des pièces d'auteurs vivans. Il est enjoint au Comité et au surintendant de tenir la main à l'exécution de cet article.

56. Les assemblées des samedis de chaque semaine continueront d'avoir lieu; et tous les acteurs seront tenus de s'y trouver pour prendre communication du répertoire. Il continuera d'être délivré des jetons aux acteurs présens.

57. Tous acteurs ou actrices pourront faire des observations et demander des changemens au répertoire, pour des motifs valables, sur lesquels il sera statué provisoirement par le commissaire impérial, et définitivement par le surintendant.

58. Le répertoire se fera, la première fois, pour quinze jours. Il en sera envoyé copie au préfet de police. Le samedi d'après se fera celui de la semaine en suivant, et ainsi successivement.

59. Quand le répertoire aura été réglé, chacun sera tenu de jouer le rôle pour lequel il aura été inscrit, à moins de causes légitimes, approuvées par le Comité présidé par le commis-

saire impérial, et dont il sera rendu compte au surintendant, sous peine de cent cinquante francs d'amende.

60. Si un acteur, ayant fait changer la représentation pour cause de maladie, est aperçu dans une promenade, au spectacle, ou s'il sort de chez lui, il sera mis à une amende de trois cents francs.

SECTION III. — DES DÉBUTS.

61. Le surintendant donnera seul les ordres de début sur notre Théâtre-Français. Les débuts n'auront pas lieu du 1er novembre jusqu'au 15 août.

62. Ces ordres seront présentés au Comité, qui sera tenu de les enregistrer, et de mettre au premier répertoire les trois pièces que les débutans demanderont.

63. Le surintendant pourra appeler pour débuter les élèves de notre Conservatoire, ceux de maîtres particuliers, où les acteurs des autres théâtres de notre empire, auquel cas leurs engagemens seront suspendus, et rompus s'ils sont admis à l'essai.

64. Les acteurs et actrices qui auront des rôles dans ces pièces, ne pourront refuser de les jouer, sous peine de 150 fr. d'amende.

65. On sera obligé, indispensablement, à une répétition entière pour chaque pièce où les débutans devront jouer, sous peine de 25 fr. d'amende pour chaque absent.

66. Le Comité proposera ensuite d'autres rôles à jouer par le débutant, et le surintendant en determinera trois que le débutant sera tenu de jouer après des répétitions particulières et une répétition générale, comme il est dit à l'art. 65.

67. Les débutans qui auront eu des succès et annoncé du talent, seront reçus à l'essai au moins pour un an, et ensuite

comme sociétaires, par le surintendant, selon qu'il le jugera convenable.

TITRE V.

DES PIÈCES NOUVELLES ET DES ACTEURS.

68. La lecture des pièces nouvelles se fera devant un Comité composé de neuf personnes choisies parmi les plus anciens sociétaires, par le surintendant, qui nommera en outre trois suppléans, pour que le nombre des membres du Comité soit toujours complet.

69. L'admission a lieu à la pluralité absolue des voix.

70. Si une partie des voix est pour le renvoi à correction, on refait un tour de scrutin sur la question du renvoi, et on vote par oui ou non.

71. S'il n'y a que quatre voix pour le renvoi à correction, la pièce est reçue.

72. La part d'auteur dans le produit des recettes, le tiers prélevé pour les frais, est du huitième, pour une pièce en cinq ou en quatre actes; du douzième pour une pièce en trois actes, et du seizième, pour une pièce en un et en deux actes; cependant les auteurs et les comédiens peuvent faire toute autre convention de gré à gré.

73. L'auteur jouit de ses entrées, du moment où sa pièce est mise en répétition, et les conserve trois ans après la première représentation, pour un ouvrage en cinq et en quatre actes; deux ans pour un ouvrage en trois actes; un an pour une pièce en un et deux actes. L'auteur de deux pièces en cinq actes ou en quatre actes, ou de trois pièces en trois actes, ou de quatre pièces en un acte, restées au théâtre, a ses entrées sa vie durant.

TITRE VI.

DE LA POLICE.

74. La présidence et la police des assemblées, soit générales, soit des divers Comités, sont exercées par le commissaire impérial.

75. Tout sujet qui manque à la subordination envers ses supérieurs, qui, sans excuses jugées valables, fait changer le spectacle indiqué sur le répertoire, ou se refuse de jouer, soit un rôle de son emploi, soit tout autre rôle qui peut lui être distribué pour le service des théâtres de nos palais, ou qui fait manquer le service en ne se trouvant pas à son poste aux heures fixées, est condamné, suivant la gravité des cas, à l'une des peines suivantes.

76. Ces peines sont les amendes, l'exclusion des assemblées générales des Sociétaires et du Comité d'administration, l'expulsion momentanée ou définitive du théâtre, la perte de la pension et les arrêts.

77. Les amendes au-dessous de vingt cinq francs sont prononcées par le Comité, présidé par le commissaire impérial. L'exclusion des assemblées générales et du Comité d'administration peut l'être de la même manière ; mais le commissaire impérial est tenu de rendre compte des motifs au surintendant. Le commissaire impérial qui aura requis le Comité d'infliger une peine en instruira, en cas de refus, le surintendant, qui prononcera.

78. Les amendes au-dessus de vingt-cinq francs et les autres punitions sont infligées par le surintendant, sur le rapport motivé du commissaire impérial. L'expulsion définitive n'aura lieu que dans les cas graves, et après avoir pris l'avis du Comité.

79. Aucun sujet ne peut s'absenter sans la permission du surintendant.

80. Les congés sont délivrés par le surintendant, qui n'en peut pas accorder plus de deux à la fois, ni pour plus de deux mois; ils ne pourront avoir lieu que depuis le 1er mai jusqu'au 1er novembre.

81. Tout sujet qui ayant obtenu un congé en outrepasse le terme, paie une amende égale au produit de sa part, pendant tout le temps qu'il aura été absent du théâtre

82. Lorsqu'un sujet, après dix années de service, aura réitéré pendant une année la demande de sa retraite, et qu'il déclarera qu'il est dans l'intention de ne plus jouer sur aucun théâtre, ni français, ni étranger, sa retraite ne pourra lui être refusée; mais il n'aura droit à aucune pension, ni à retirer sa part du fonds annuel de cinqante mille francs.

TITRE VII.

DISPOSITIONS GÉNÉRALES.

83. Les comédiens français ne pourront se dispenser de donner tous les jours spectacle, sans une autorisation spéciale du surintendant, sous peine de payer, pour chaque clôture, une somme de cinq cents francs, qui sera versée dans la caisse des pauvres, à la diligence du préfet de police.

84. Tout sociétaire, ayant trente années de service effectif, pourra obtenir une représentation à bénéfice, lors de sa retraite : cette représentation ne pourra avoir lieu que sur le Théâtre-Français, conformément à notre décret du 29 juillet 1807.

85. Tout sujet retiré du Théâtre-Français ne pourra reparaître sur aucun théâtre, soit de Paris, soit des départemens, sans la permission du surintendant.

86. Toutes les affaires contentieuses seront soumises à l'examen d'un conseil de jurisconsultes; et on ne pourra faire aucune poursuite judiciaire au nom de la société sans avoir pris l'avis du conseil. Ce conseil restera composé ainsi qu'il l'est aujourd'hui, et sera réduit à l'avenir, par mort ou démission, au nombre de trois jurisconsultes; deux avoués et un notaire du Théâtre. En cas de vacances, la nomination se fera par le Comité, avec l'agrément du surintendant.

87. Le surintendant fera les règlemens qu'il jugera nécessaires pour toutes les parties de l'administration intérieure.

88. Les décrets des 29 juillet et 1er novembre 1807 sont maintenus en tout ce qui n'est pas contraire aux dispositions ci-dessus.

TITRE VIII.

DES ÉLÈVES DU THÉATRE-FRANÇAIS.

§ 1er. — *Nombre, nomination, instruction et entretien des élèves.*

89. Il y aura, à notre Conservatoire impérial, dix-huit élèves pour notre Théâtre-Français, neuf de chaque sexe.

90. Ils seront dirigés par notre ministre : ils seront âgés au moins de quinze ans.

91. Ils seront traités au Conservatoire comme les autres pensionnaires qui y sont admis pour le chant et la tragédie lyrique.

92. Ils pourront suivre les classes de musique, mais ils seront plus spécialement appliqués à l'art de la déclamation, et suivront exactement les cours des professeurs, selon le genre auquel ils seront destinés.

93. A cet effet, indépendamment des professeurs, il y aura

pour l'art dramatique deux répétiteurs d'un genre différent, lesquels feront répéter et travailler les élèves, chaque jour, dans les intervalles des classes, à des heures qui seront fixées.

94. Il y aura, en outre, un professeur de grammaire, d'histoire et de mythologie appliquées à l'art dramatique, lequel enseignera spécialement les élèves destinés au Théâtre-Français.

95. Les élèves seront examinés tous les ans par les professeurs et le directeur du Conservatoire; et il sera rendu compte du résultat à notre ministre de l'intérieur et au surintendant des théâtres.

96. Les élèves qui ne donneraient pas d'espérances, ne continueront pas leurs cours, et ils seront remplacés.

97. Ceux qui ne seraient pas encore capables de débuter sur notre Théâtre Français, pourront, avec la permission du surintendant, s'engager pour un temps au théâtre de l'Odéon, ou dans les troupes des départemens.

98. Ceux qui seront jugés capables de débuter, pourront recevoir du surintendant un ordre de début, et être, selon leurs moyens, mis à l'essai au moins pendant un an, et ensuite admis comme sociétaires, comme il est dit article 67.

§ II. — *Des dépenses pour les élèves de l'art dramatique.*

99. La dépense pour chacun des élèves est fixée à onze cents francs; le traitement pour chacun des répétiteurs à deux mille francs; le traitement du professeur, à trois mille francs.

100. En conséquence, notre ministre de l'intérieur disposera, sur le fonds des dépenses imprévues de son ministère, d'une somme de vingt-six mille francs en sus de celle allouée pour notre Conservatoire impérial de musique.

101. Nos ministres de l'intérieur, de la police, des finances, du trésor, et le surintendant de nos spectacles, sont chargés, chacun en ce qui le concerne, de l'exécution du présent décret, qui sera inséré au *Bulletin des Lois.*

(*Bulletin des Lois*, 4ᵉ série, B. 469, n° 857.)

FIN.

TABLE DES MATIÈRES.

Avertissement... VII
Réflexions préliminaires.. 1
   Ire Partie. — Administration des Sociétaires, 1830-1833. 11
   IIe Partie. — Direction de M. Jouslin de Lassalle...... 45
   IIIe Partie. — Direction de M. Védel.................. 85
   IVe Partie. — Retour au décret de Moscou. — Administration des Sociétaires.................. 143
Conclusion... 225
Discours prononcé par M. Samson............................ 237
Décret de Moscou... 243

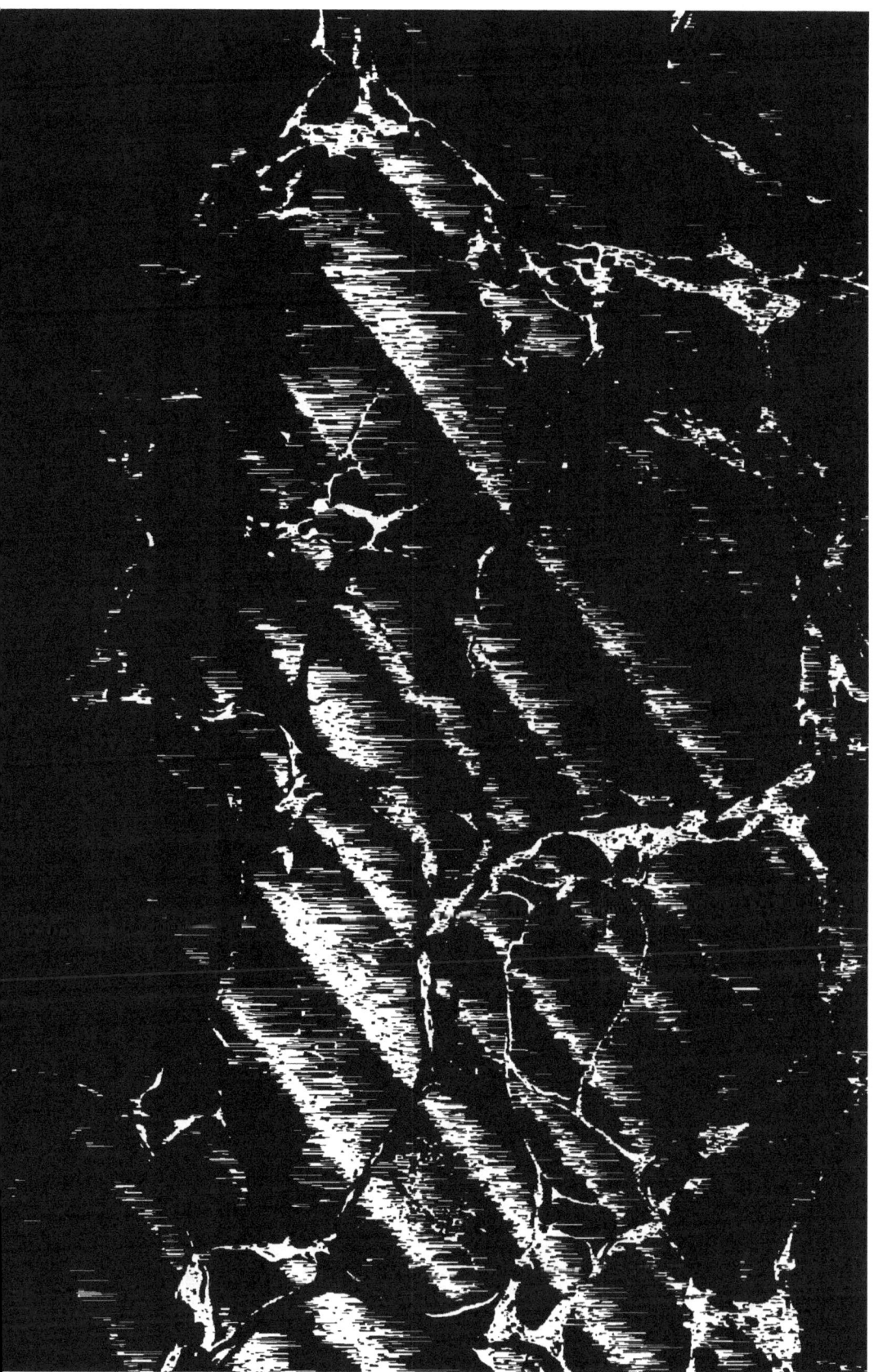

www.ingramcontent.com/pod-product-compliance
Lightning Source LLC
Chambersburg PA
CBHW050650170426
43200CB00008B/1233